旬の果物を使いこなす。フレッシュから煮る・焼く・揚げるまで
フルーツ・デザートの発想と組み立て
Les fruits, une Idée et Montage du Dessert

田中真理
Mari TANAKA

誠文堂新光社

はじめに

フルーツとの向き合い方

フルーツはケーキやデザート作りに欠かせない存在です。しかし、パティシエが皆、フルーツを自在に使いこなせているかというとそうとも言い切れず、現場でも店のスタッフから「旬のフルーツを使って何か作れないか」と相談を受けることがままあります。まだ駆け出しのパティシエにとってもフルーツ使いは課題の一つで、何をどう使えばよいのか頭を悩ませることも多いと聞きます。

日本は四季に恵まれた国で、季節ごとに旬のフルーツが出回ります。近年では需要に応じた品種改良やハウス栽培の技術の進化、流通の発達などによって、国産はもちろん海外のフルーツも手に入れやすくなりました。

フルーツ・デザートを作る時に最も大切なことは、フルーツが持つ本来のおいしさを最大に生かすこと。多彩なフルーツの個性を見極め、使いこなすことは容易なことではありませんが、同時に、それこそがパティシエとしての面白みを感じるところでもあります。

本書では、フルーツの目利きや保存法、扱いの注意点などを踏まえながら、フルーツの魅力を生かしたデザートの作り方を紹介しています。
日本で出回るフルーツは、糖度に重点が置かれ、品種改良でも酸味はあまり重視されない傾向にありますが、デザート作りにおいては、その酸味こそがおいしさのキーを握ることが多いもの。そのため、主役のフルーツに別のフルーツを少し加えて味を調整したり、あるいは、本来なら捨てるべき皮を使い、皮に含まれる酸味や苦味を取り入れたものもあります。

約1年間の撮影期間を通じて旬のフルーツに向き合い、考案したルセットが、フルーツ・デザート作りのヒントになれば幸いです。

田中 真理

目次　sommaire

はじめに 003

凡例・作る際の注意点 008

chapitre 1
春のフルーツ
printemps

清美オレンジ orange Kiyomi 010

清美オレンジと桜の3種の味わい方
Trilogie d'oranges Kiyomi et sakura 011

清美オレンジと桜のクープ、スフレとアイスを添えて
Coupe de Kiyomi et sakura, son soufflé 017

日向夏 Hyuganatsu 021

日向夏のクープとフォンダン
Coupe et fondant au Hyuganatsu 022

文旦 Buntan 027

ジュレをまとった文旦のドーム
Un dôme au Buntan enrobé de sa gelée 028

ダークチェリー cerise noire 032

ダークチェリーのブランマンジェとスムージー
Blanc manger et smoothie de cerise noire 033

さくらんぼ cerise 037

スリジェ
Cerisier 038

フルーツトマト fruit-tomate 042

フルーツトマトのカクテルとマドレーヌ
Cocktail de fruit-tomate et sa madeleine 043

氷の上のフルーツトマト
Une fruit-tomate sur la glace 048

キャラメル2種
Caramel 053

chapitre 2
夏のフルーツ
été

梅 prune japonaise 056

梅とにごり酒のデザート
Prune japonaise et saké 057

ヤマモモ myrica rubra 060

ヤマモモのフランとソルベ
Flan au myrica rubra 061

ヤマモモとドライフルーツのババ
Baba au myrica rubra et fruit sec 065

マンゴー mangue 070

マンゴーのフォンダン
Mangue fondante avec des fruits exotiques 071

マンゴーのヴェリーヌ
Verrine de mangue 075

ソルダム prune rouge 078

ソルダムのスープ
Soupe à la prune rouge 079

パート・ド・フリュイ2種
Pâte de fruit 083

メロン melon 085

メロンのクープ
Coupe de melon 086

メロンのパルフェ、シトラスの香り
Parfait au melon parfumé aux agrumes 090

桃 pêche 094

ピーチメルバ、レモンバーベナの香り
Pêche Melba à la verveine 095

桃のブリオッシュペルデュ
Brioche perdue à la pêche 099

イチジク figue 103

イチジクのベニエ
Beignet aux figues 104

イチジクのカンノーリ
Cannoli aux figues 108

スイカ pastèque 112

スイカのキャラメリゼ、バルサミコとイチゴのソルベと共に
Pastèque caramélisée accompagné de sorbet balsamique / fraise 113

chapitre 3
秋のフルーツ
automne

柿 kaki 118

柿のイル・フロタント
Île flottante au kaki 119

柿のロースト、ナポリテーヌソルベ
Rôti de kaki et Sorbet napolitaine 123

巨峰 raisin noir 127

ヨーグルトのパンナコッタ、巨峰を添えて
Pannacotta au yaourt et raisin noir 128

巨峰のクランブル、シナモンのアイスクリーム添え
Crumble aux raisins noirs et crème glacée à la cannelle 132

和梨 poire japonaise 138

和梨のタルト、レモングラスの香り
Fine tarte aux poires japonaises parfumées à la citronnelle 139

和梨のカダイフ揚げ、ルビーグレープフルーツジャムを添えて
Poire japonaise frite et confiture de pamplemousse rose 143

和栗 maron japonais 147

ブラン・ド・モンブラン
Blanc de mont-blanc 148

マロニエ
Marronnier 153

ナッツ類 fruits secs 158

マルジョレース、ライムのソルベ添え
Marjolaine et sorbet citron vert 159

ショック・ノワゼット
Choc-noisette 164

ピーナッツとチョコレートのデザート
Cacahouète et chocolat 169

chapitre 4
冬のフルーツ
hiver

リンゴ pomme 176

リンゴのラヴィオリ、さつまいものソース
Ravioli aux pommes, sauce à la patate douce 177

リンゴのスフレ、キャラメルのアイスクリーム、生姜の香り
Soufflé à la pomme et crème glacée au caramel gingembre 182

chapitre 5
その他 __通年・野菜
autre

イチゴ fraise 186

タルトショコラ・フレーズ
Tarte chocolat / fraise 187

クリスマスの贈りもの
Cadeaux de Noël 191

クリスマスリース
Couronne de Noël 196

ハッサクとミカン Hassaku et clémentine 201

柑橘とピーナッツのスフェア
Une sphère d'agrumes et cacahouètes 202

柑橘香るフィナンシエ、ミントのソルベ
Financier d'agrumes et sorbet à la menthe 207

パイナップル ananas 212

パイナップルのロティ、リコッタクリーム
Ananas rôti et crème au ricotta 213

タイムのクレームブリュレ、トロピカルフルーツをのせて
Crème brûlée au thym, fruits exotiques caramélisés 217

ルバーブ rhubarbe 221

ルバーブのタルト
Tarte rhubarbe 222

ルバーブのポシェ、ヨーグルトのソルベ レモングラスの香り
Rhubarbes pochées et sorbet yaourt parfumé à la citronnelle 227

とうもろこし maïs 231

とうもろこしのロワイヤルとクロカン
Royal et croquant de maïs 232

パーツ種類別・五十音順索引 236

◆ 凡例・作る際の注意点

【フルーツ】

◆ 産地や収穫時期、天候、個体差などによって味にバラつきがあるので、作り始める前に必ずフルーツの味見をし、目指す味に合わせて、甘味や酸味、リキュールを加えるなどして調整する。

◆ g（グラム）表記の場合は、作る際に必要な「正味」の分量を表している。種や皮を除いて使うものは注意する。

◆ 「カルチエ」は内皮から切り取った柑橘類の果肉のことを指す。

【バター】

◆ 特に指定のない場合、食塩不使用のものを使う。

【粉類】

◆ 使う前にふるっておく。

【バニラビーンズ】

◆ 分量の単位を「〇本分」と表記したものは中の種のみを使い、「〇本」と表記したものは種と、しごいたさやの両方を使う。2番さや（一度使ったさやを乾燥させたもの）は、香り付けに使う。

【ナッツ】

◆ ローストの記述がないものは生で使う。

【板ゼラチン】

◆ 必ず氷水で戻し、芯がなくなるまでやわらかくしてから、水気を絞って使う。

◆ 同量の粉ゼラチンを5倍量の水で戻して使ってもよい。

◆ 戻したゼラチンを溶かす温度は、50〜60℃が目安。沸騰したところに入れると凝固作用が弱くなる場合がある。

【電子レンジ】

◆ 電子レンジの加熱時間は1000Wの場合の目安。500Wの場合は2倍に、600Wの場合は1.6倍に換算して加熱する。ただし、機種によって差があるので、素材の状態を見ながら加減する。

清美オレンジ

日向夏

文旦

ダークチェリー

さくらんぼ

フルーツトマト

chapitre 1

● ［春のフルーツ］
printemps

春先に多く出回る柑橘類の中から、人気の清美オレンジと、
酸味が魅力の日向夏と文旦を使った。
さくらんぼとダークチェリーは出回り時期がかぶるので、改めて味を比べてみるのもいい。
フルーツトマトは味わいだけでなく、ヘルシーなイメージも魅力のひとつだ。

春のフルーツ 1

清美オレンジ
orange Kiyomi

温州みかんとオレンジを掛け合わせて作られた清美オレンジ。デザート作りには、甘くジューシーな果肉だけでなく、外皮もマルムラードにしたり、表面を削って風味付けに使うなどして無駄なく活用できる。全体にハリがあってずっしりと重みのあるものを選ぶと果汁が多く美味。常温保存でも1週間程度は持つが、ラップで包むか保存用ポリ袋に入れて冷蔵保存するとより長持ちする。

[出回り期]

| 1月 | 2月 | 3月 | 4月 | 5月 | 6月 | 7月 | 8月 | 9月 | 10月 | 11月 | 12月 |

Trilogie d'oranges Kiyomi et sakura

清美オレンジと桜の3種の味わい方

春らしく、桜と組み合わせたデザート。じつは清美オレンジと桜は、
単体同士では決して相性が良いわけではないが、双方に相性の良い
クリーム系の素材をプラスすることでうまくまとめることができる。
桜餅をモチーフにしたクレープや甘納豆のソルベなどを用い、
若干「和」寄りのバランスを目指しつつ、
桜のコンフィチュールで全体に統一感を出した。

Meringue
メレンゲ

材料 直径2.5×長さ13.5cmのコルネ用の円筒15個分

卵白 blancs d'œufs ……100g
グラニュー糖 sucre ……100g
粉糖 sucre glace ……100g
オイルスプレー huile ……適量
桜の花（塩抜きしたもの）pétale de sakura ……適量

作り方

1 ボウルに卵白を入れてハンドミキサーで軽く泡立て、グラニュー糖を3回に分けて加え、そのつど混ぜる。ツノがピンと立つまで泡立てたら、ふるった粉糖を加えてヘラで切るように混ぜる。

2 縦11×横8cmのベーキングペーパーを15枚用意し、裏面の上下から2.5cmずつあけたところに油性ペンで横線を2本引く。表面に返し、横幅と上下の線の内側に収まるように、直径5mmの丸口金をつけた絞り袋で、**1**を6本の横線に絞る。

3 横線の間にも、ところどころ丸く絞ってつなぎ目を作る。

4 直径2.5×長さ13.5cmのコルネ用の円筒の外側にオイルスプレーを吹き付け、**3**をペーパーごと巻き付ける。閉じ目に余ったメレンゲを絞って接着し、バランスをみて桜の花を3〜4か所につける。

5 90℃のオーブンで2時間ほど乾燥焼きにする。天板を取り出してそのまま冷ます。

Pannacotta au coco

ココナッツのパンナコッタ

材料　作りやすい分量

A ｜ ココナッツミルク lait de coco ……215g
　　 生クリーム（38％）crème liquide 38% MG ……270g
　　 カソナード cassonade ……30g

板ゼラチン gélatine en feuille ……5g

マリブ Malibu*¹……15g

作り方

1 板ゼラチンは氷水で戻す。鍋にAを入れて温め、ゼラチンの水気を絞って加え、溶かす。

2 ボウルに移し、底を氷水に当てて混ぜながら冷やす。マリブを加え、さらに固まる直前まで混ぜながら冷やす*²。冷蔵庫で保存する。

*¹ ココナッツとホワイトラムで作られたリキュール。

*² 生クリームとココナッツミルクは油脂分が多く、水分と分離しやすいので、固まる直前まで絶えず混ぜながら冷やす。

Crêpe de sakura

桜のクレープ

材料　16〜18枚分

白玉粉 farine de shiratama ……25g

水 eau ……150g

A ｜ 米粉 farine de riz ……50g
　　 薄力粉 farine faible ……50g

グラニュー糖 sucre ……35g

桜の葉のパウダー poudre de feuille de sakura ……2g

作り方

1 ボウルに白玉粉と水を入れ、泡立て器で混ぜる。ふるったA、グラニュー糖、桜の葉のパウダーを加え、混ぜ合わせる。

2 フライパンを弱火で熱し、1を直径9cmの円形に薄く伸ばして両面を焼く。

3 焼き上がった生地を直径8cmのセルクルで抜き、半分に切る。乾かないようにオーブンペーパーではさんでおく*。

* 焼いた生地は冷蔵保存するとぼそぼそした食感になるので、必ず出来立てを使う。

Crème chantilly
クレームシャンティー

材料　16〜18人分

生クリーム（38%） crème liquide 38% MG ……100g
グラニュー糖 sucre ……9g
清美オレンジの表皮のすりおろし zeste d'orange Kiyomi râpé ……1/4個分

作り方

1 ボウルに生クリームとグラニュー糖を合わせ、泡立て器でかために立てる。

2 清美オレンジの表皮のすりおろしを加える。

Orange Kiyomi marinée
清美オレンジのマリネ

材料　作りやすい分量

グラニュー糖 sucre ……50g
水 eau ……100g
コアントロー Cointreau ……20g
清美オレンジのカルチエ quartiers de Kiyomi ……1個分

作り方

1 鍋にグラニュー糖と水を入れて火にかける。沸騰したら火を止めてコアントローを加える。

2 ボウルに移し、温かいうちに清美オレンジのカルチエを入れ、ラップで落しぶたをして30分以上おく。

Sorbet aux haricots blancs et orange Kiyomi confite
白甘納豆と清美オレンジのソルベ

材料　6人分

牛乳 lait ……155g
生クリーム（38%） crème liquide 38% MG ……30g
白甘納豆 haricots blancs confit ……100g
清美オレンジのマルムラード〈P15参照〉 marmelade de Kiyomi ……適量

作り方

1 鍋に、牛乳と生クリームを入れて温め、白甘納豆を加えてハンドブレンダーで撹拌する。

2 ボウルに濾し入れ、底を氷水に当てて冷ます。アイスクリームマシンにかける。

3 清美オレンジのマルムラードを混ぜ、マーブル状のソルベを作る。

Marmelade de Kiyomi
清美オレンジのマルムラード

材料　作りやすい分量

清美オレンジの表皮 zeste d'orange ……35g

A ｜ 清美オレンジのカルチエ quartier de Kiyomi ……125g
　｜ 清美オレンジの果汁 jus de Kiyomi ……30g
　｜ レモン汁 jus de citron ……18g
　｜ グラニュー糖 sucre ……18g

B ｜ グラニュー糖 sucre ……10g
　｜ ペクチンNH pectine NH ……2g

作り方

1
清美オレンジの表皮は湯通しし、せん切りにする。Bは混ぜ合わせておく。

2
鍋に1のオレンジの表皮、Aを入れ、弱火で煮詰める。水分がなくなってきたら、Bを加えながら混ぜ、ひと煮立ちさせる。

3
ボウルに移し、そのまま冷やす。

Confiture de sakura
桜のコンフィチュール

材料　作りやすい分量

桜の花 pétale de sakura ……85g

A ｜ 水 eau ……100g
　｜ グラニュー糖 sucre ……125g
　｜ レモン汁 jus de citron ……25g

B ｜ グラニュー糖 sucre ……10g
　｜ ペクチン pectine ……1.5g

桜のリキュール liqueur de sakura ……18g

作り方

1
桜の花は塩抜きする。Bは混ぜ合わせておく。

2
鍋にAを入れて沸騰させ、Bを加えながら混ぜ、ひと煮立ちさせる。

3
火を止めて少量をボウルに取り出し、底を氷水に当てて、ペクチンの固まり具合を確認する*。粗熱を取り、桜のリキュール、1の桜の花を加えてさらに冷やす。

*　どろっとしてきたらOK。固まらない場合は、再度、熱を入れる。

[組み立て・盛り付け]

材料 仕上げ用

金箔 feuille d'or ……適量

1 絞り袋に丸口金をつけてクレームシャンティーを入れ、半分に切った桜のクレープに丸く絞り、コルネのように丸める。

2 盛り付け用の皿に、汁気をきった清美オレンジのマリネを2切れ盛り、その上に、**1**、余った清美オレンジのマルムラードの順にのせる。あいたところにソルベの滑り止め用として桜のクレープの切れ端をのせておく。

3 メレンゲを皿に配置して中にパンナコッタを絞り入れ、上に清美オレンジのマリネをのせる。

4 **2**の上に金箔を飾る。滑り止め用のクレープの上に、クネルにとったソルベをのせる。

5 ガラスのカップに桜のコンフィチュールを入れ、皿に添える。

Coupe de Kiyomi et sakura, son soufflé

清美オレンジと桜のクープ、スフレとアイスを添えて

華やかなグラスデザートとスフレのコンビ。
タピオカミルクやアイス、仕上げのコンデンスミルクなど、
清美オレンジと桜の両方に相性の良い乳製品を合わせた。
ぷるぷるのクープにふわふわのスフレ、そして、時折シャリッと感じる
清美オレンジ入りのアイス…と、一皿でさまざまな食感が楽しめる。

Soufflé aux feuilles de sakura

桜の葉のスフレ

材料 直径5.5×高さ5cmのセルクル6個分

卵黄 jaunes d'œufs ……28g
グラニュー糖 sucre ……8g
薄力粉 farine faible ……8g
牛乳 lait ……75g

A｜ バター beurre ……12g
　　クリームチーズ cream cheese ……40g
　　桜の葉（塩抜きして茎を除いたもの） feuille de sakura ……3g
　　桜の葉のパウダー poudre de feuille de sakura ……0.5g

B｜ 卵白 blancs d'œufs ……50g
　　グラニュー糖 sucre ……18g

型塗り用バター beurre ……適量

作り方

1
カスタードクリームを作る。ボウルに卵黄とグラニュー糖を入れて白っぽくなるまですり混ぜ、ふるった薄力粉を加える。

2
牛乳を沸騰直前まで温め、1に加えて混ぜる。鍋に移し、弱めの中火にかけてヘラで混ぜ、全体が固まり始めたら、火から外し、余熱でもったりするまで混ぜる。

3
温かいうちにAを加え、ハンドブレンダーで桜の葉が細かくなるまで撹拌する。

4
別のボウルにBを入れ、ハンドミキサーでツノが軽く立つくらいのメレンゲを作る。3～4回に分けて3に加え、泡をつぶさないように手早く混ぜる。

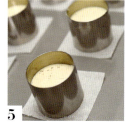

5
セルクルの内側にバターを塗り、ベーキングペーパーを敷いて天板の上に置く。絞り袋に4を入れ、六分目まで絞り入れる。140℃に予熱したオーブンで15～20分焼く。

6
中心にナイフを刺して生焼けの生地がついてこなければ取り出し、セルクルに面した生地を軽く内側に押し込む。そのまま冷まし、温かいうちにセルクルを外す。

Gelée aux pétales de sakura
桜の花のジュレ

材料　直径10cmのマティーニグラス4個分

水　eau ……125g
グラニュー糖　sucre ……10g
板ゼラチン　gélatine en feuille ……4g
A ｜ 桜のリキュール　liqueur de sakura ……10g
　　｜ 桜の花（塩抜きしたもの）　pétale de sakura ……3g

作り方

1
板ゼラチンは氷水で戻す。鍋に水とグラニュー糖を入れて温め、火を止めて水気を絞ったゼラチンを加え、溶かす。

2
ボウルに移し、底を氷水に当てて冷やす。固まる前に**A**を加える。

3
マティーニグラスに注ぎ入れ、冷蔵庫で冷やし固める。

Crème glacée à l'orange Kiyomi
清美オレンジのアイスクリーム

材料　12人分

卵黄　jaunes d'œufs ……65g
グラニュー糖　sucre ……18g
牛乳　lait ……50g
A ｜ 清美オレンジの果汁　jus d'orange Kiyomi ……55g
　　｜ 清美オレンジの表皮のすりおろし　zeste d'orange Kiyomi râpé ……1/3個分
　　｜ オレンジのカルチエ　quartier d'orange Kiyomi ……70g
コンデンスミルク　lait concentré ……10g

作り方

1
ボウルに卵黄とグラニュー糖を入れてすり混ぜ、牛乳を加える。

2
鍋に**A**を入れて温め、まわりがふつふつとしてきたら**1**に加えて混ぜる。鍋に戻し入れて弱火の中火にかけ、混ぜながら83℃まで温める。

3
ボウルに移して底を氷水に当てて冷やし、コンデンスミルクを加える。ハンドブレンダーでなめらかになるまで混ぜ、アイスクリームマシンにかける。

Lait de tapioca

タピオカミルク

材料　4〜5人分

タピオカ（乾燥）tapioca ……15g

牛乳 lait ……100g

生クリーム（38%）crème liquide 38% MG ……50g

グラニュー糖 sucre ……12g

バニラビーンズ gousse de vanille ……1/4本分

清美オレンジの表皮のすりおろし zeste d'orange Kiyomi râpé ……1/4

作り方

1 タピオカはたっぷりの湯で40分ほどゆでる。

2 鍋に、タピオカ以外のすべての材料を入れて沸騰させる。水気をきったタピオカを入れ、やわらかくなるまで煮る。

3 ボウルに移し、底に氷水を当てて冷やす。

〚 組み立て・盛り付け 〛

材料　仕上げ用

コンデンスミルク lait concentré ……適量

清美オレンジのカルチエ quartier d'orange Kiyomi ……適量

桜の花（塩抜きしたもの）pétales de sakura ……適量

粉糖 sucre glace ……適量

1 盛り付け用の皿に、コンデンスミルクを直径5cmほどの円形に広げる。

2 ジュレを入れて固めたマティーニグラスに、タピオカミルクを40〜50g入れる。中央に清美オレンジのカルチエを4〜5切れ盛り、その上に桜の花を飾る。

3 1のコンデンスミルクの上にスフレを置き、クネルにとったアイスクリームをのせ、粉糖をふる。同じ皿に2をのせる。

春のフルーツ 2

日向夏
Hyuganatsu

冬にハウスものも出回るが、露地ものは春から初夏にかけてが旬。種が多いもの、少ないもの、種なし、の3タイプがある。全体的にやわらかく、甘みも酸味もほどほどでさっぱりとした味わい。果肉と表皮だけでなく、ほのかな甘みがある白いワタの部分（内果皮）も食べられるので、デザート作りに取り入れたい。選ぶ時は、全皮にハリがあり変色したところがなく、ずっしりと重みのあるものを。ポリ袋などに入れて冷蔵庫で保存すると乾燥が防げる。

［出回り期］
1月 2月 3月 4月 5月 6月 7月 8月 9月 10月 11月 12月

Coupe et fondant au Hyuganatsu

日向夏のクープとフォンダン

ビスキュイ・キュイエールとマスカルポーネクリームを使い、ティラミスをグラス仕立てにアレンジ。ただし主役はあくまでも日向夏。クリームやアイスはサポート役に留めた。使いたかった白いワタの部分は、あえて一切加工せず、フレッシュの果肉につけたまま盛り付け、日向夏そのものの魅力を味わえるよう一皿に込めた。

Biscuit cuillère

ビスキュイ・キュイエール

材料　17〜18人分

卵白 blancs d'œufs ……50g
グラニュー糖 sucre ……30g
卵黄 jaunes d'œufs ……28g
A ┃ 薄力粉 farine faible ……20g
　┃ コーンスターチ fécule de maïs ……15g
粉糖 sucre glace ……適量

作り方

1 卵白にグラニュー糖の半量を加え、ハンドミキサーで泡立てる。残りのグラニュー糖を加え、十分立てにする。

2 1に溶いた卵黄を加えて混ぜ、ふるったAを加えて切るように混ぜる。

3 8mmの丸口金をつけた絞り袋に2を入れ、ベーキングシートを敷いた天板に、内側から巻きながら直径5〜6cmの円形を17〜18個分絞る。

4 残りの生地は長さ11cmの棒状に絞る。

5 3と4に粉糖をふり、4にはもう一度、粉糖をふる。170℃に予熱したオーブンで15〜20分焼き、天板を取り出してそのまま冷ます。

Crème mascarpone

マスカルポーネクリーム

材料　6人分

全卵 œufs ……40g
グラニュー糖 sucre ……20g
マスカルポーネ mascarpone ……100g
生クリーム（42%）crème liquide 42% MG ……100g

作り方

1
ボウルに全卵とグラニュー糖を入れて湯煎にかけ、泡立て器で泡立てながら70℃くらいまで温める。湯煎から外し、ハンドミキサーにかけながら冷ます。

2
マスカルポーネ、八分立てにした生クリームの順に加えて混ぜ、冷蔵庫で冷やす。

Fondant de Hyuganatsu

日向夏のフォンダン

材料　作りやすい分量

日向夏 Hyuganatsu ……1個
シロップ* sirop ……日向夏の重量の40%

作り方

1
日向夏は天地を切って縦半分に切り、湯通しして冷ます。真空調理用の袋に、日向夏とシロップを入れ、真空包装機でパック内の空気を抜き、冷蔵庫で一晩おく。

2
弱火でふつふつと沸騰させた熱湯（もしくは100℃のスチームオーブン）に入れ、日向夏が全体にやわらかくなるまで約1時間加熱する。

3
2をそのまま冷やし、冷蔵庫で一晩寝かせる。

*　鍋に水100gとグラニュー糖135gを入れて沸かしたもの。

Crème glacée aux fèves de tonka
トンカ豆のアイスクリーム

材料　10人分

牛乳　lait ……125g
生クリーム（38%）crème liquide 38% MG ……100g
トンカ豆　fèves de tonka ……6g
卵黄　jaunes d'œufs ……60g
グラニュー糖　sucre ……40g

作り方

1
鍋に、牛乳、生クリーム、粗く砕いたトンカ豆を入れて火にかけ、沸騰させる。

2
ボウルに卵黄とグラニュー糖を入れて泡立て器で混ぜる。1の半量を加えて混ぜ、それを鍋に戻して全体を混ぜながら中火で83℃まで温める。

3
ボウルに移し、底を氷水に当てて冷やす。冷蔵庫で一晩寝かせる。

4
3を漉し、アイスクリームマシンにかける。

Sirop d'imbibage
浸し用シロップ

材料　作りやすい分量

シロップ（グラニュー糖と水を1:1の割合で煮溶かし冷ましたもの）sirop 1:1 ……100g
日向夏のフォンダンで使ったシロップ〈P24参照〉sirop de fondant ……30g
日向夏の果汁　jus de Hyuganatsu ……20g

作り方

1
すべての材料を混ぜ合わせる。

[組み立て・盛り付け]

材料 仕上げ用

日向夏 Hyuganatsu ……適量

1 日向夏は白いわたの部分を残して外皮をむく。まず天地を切り、側面のカーブに沿って外皮をそぎ切ってから、一房ごとに切り分ける。

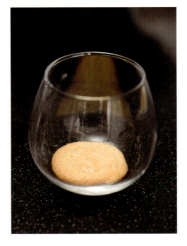

2 円形のビスキュイ・キュイエールを浸し用シロップにくぐらせ、グラスの底に入れる。

3 2のまわりに1の日向夏を、わたを外側にして盛り付ける。

4 別の器にマスカルポーネクリームを盛る。

5 盛り付け用の皿に、食べやすく切った日向夏のフォンダンを盛る。

6 3の中央にトンカ豆のアイスクリームをディッシャーですくってのせ、棒状のビスキュイ・キュイエールをさす。グラスごと盛り付け用の皿にのせ、4を添える。

春のフルーツ 3

文旦
Buntan

ザボン、ボンタンとも呼ばれる。冬に収穫されるが、酸を落ち着かせるために春まで貯蔵してから出荷される。購入後も食べてみて酸味が強ければ、少しおいてから使うとよい。種が多く皮が厚いので、可食部は少ないものの、さわやかな酸味を持つ果肉と苦味のある皮の両方を使うと、デザートの味わいに奥行きが出る。

［出回り期］

Un dôme au Buntan enrobé de sa gelée

ジュレをまとった文旦のドーム

イタリアのズコットを文旦でアレンジした一皿。
中は文旦のコンフィとナッツを混ぜたパルフェ。
表面を文旦のカルチエで覆い、さらにレストランデザートとしての演出を考え、
ジュレを添えた。とろりとしたジュレが、テーブルの上でかけるうちに
徐々に固まっていくように、アガーを強めに効かせている。

Pâte à génoise

パータ・ジェノワーズ

材料　直径12cmの丸型1台（8個分）

- **A**
  - 全卵 œufs ……120g
  - グラニュー糖 sucre ……54g
  - ハチミツ miel ……10g
- 薄力粉 farine faible ……67g
- 牛乳 lait ……25g

作り方

1
ボウルに**A**を入れ、ハンドミキサーでリボン状になるまで泡立てる。

2
ふるった薄力粉を加えて軽く混ぜ、牛乳を加えて混ぜる。

3
直径12cmの丸型に流し入れ、180℃に予熱したオーブンで20分ほど焼く。型から出して冷ます。

4
横2〜3mmの厚さに切り分ける。文旦のコンフィのパルフェ〈P30参照〉に使用する直径7cmのドーム型フレキシパンに合わせ、フタ用に直径6cmの円形に8枚を抜き、残りは三角形に切る。

Confit de Buntan

文旦のコンフィ

材料　作りやすい分量

- 文旦 Buntan ……2個
- シロップ（グラニュー糖と水を1:1の割合で煮溶かし冷ましたもの） sirop 1:1 ……500g
- グラニュー糖 sucre ……80g×4回

作り方

1
文旦は4つ割りにし、2回湯通しする。

2
鍋にシロップを90℃ほどに熱し、文旦を入れる。落しぶたをして弱火で再び90℃になるまで熱し、火を止め、常温で1日おく。

3
文旦を取り出し、シロップだけを火にかける。煮立ったらグラニュー糖80gを加えて沸騰させ、文旦を戻し入れ、落しぶたをして弱火で90℃まで温める。火を止め、常温で一日おく。

4
3をあと3回繰り返す。

Parfait au confit de Buntan
文旦のコンフィのパルフェ

材料 直径7cmのドーム型フレキシパン16個分

文旦のコンフィ〈P29参照〉 confit de Buntan ……60g

アーモンドのみじん切り amandes hachées ……30g

クルミのみじん切り noix cerneaux hachées ……30g

A ｜ 卵黄 jaunes d'œufs ……75g
　　｜ 文旦のコンフィで使ったシロップ〈P29参照〉 sirop de confit ……100g
　　｜ 文旦の果汁 jus de Buntan ……40g

生クリーム（38％）crème liquide 38% MG ……150g

B ｜ 文旦のコンフィで使ったシロップ〈P29参照〉 sirop de confit ……100g
　　｜ 水 eau ……100g

作り方

1 文旦のコンフィは果肉を除いて外皮をみじん切りにし、ローストしたアーモンドとクルミを混ぜ合わせる。

2 サバイヨンを作る。ボウルに**A**を上から順に入れ、そのつど泡立て器で混ぜる。湯煎にかけ、泡立て器で泡立てながら70℃ほどまで温める。湯煎から外し、ハンドミキサーにかけながら冷ます。

3 生クリームを八分立てにし、サバイヨンに加えて泡立て器で混ぜる。さらに**1**を加え、ヘラで混ぜる。

4 直径7cmのドーム型フレキシパンに、三角形にカットしたパータ・ジェノワーズ〈P29参照〉を敷く。混ぜ合わせた**B**を刷毛で塗る。

5 絞り袋に**3**を入れ、**4**のふちから2〜3mm下まで絞り入れ、直径6cmの円形に抜いたパータ・ジェノワーズでフタをする。冷凍庫で冷やし固める。

Gelée de Buntan

文旦のジュレ

材料　6人分

アガー agar - agar ……15g
グラニュー糖 sucre ……160g
水 eau ……150g
文旦の果汁 jus de Buntan ……160g

ホワイトラム rhum blanc ……12g

作り方

1 アガーはグラニュー糖の一部（10g程度）と混ぜておく。鍋に水、残りのグラニュー糖、文旦の果汁を入れて70℃ほどまで温め、アガーを加えて混ぜる。

2 ホワイトラムを加え、温かいうちに使う。

〚 組み立て・盛り付け 〛

材料　仕上げ用

文旦のカルチエ（薄く切ったもの）quartier de Buntan ……1皿につき12〜13切れ
金箔 feuille d'or ……適量

1 盛り付け用の器に文旦のコンフィのパルフェを置き、全体を覆うように、文旦のカルチエを一部重ねながらかぶせる。

2 表面に金箔を散らす。

3 ジュレをガラスのカップに入れ、2に添える。

アメリカ原産のさくらんぼの総称で、アメリカンチェリーの名で知られる。国産のさくらんぼよりも大粒で、甘みが強く酸味が少ないのが特徴。国産のさくらんぼと比べるとやや日持ちはするとはいえ、やはり傷みやすいので、冷蔵保存のうえできるだけ早く使う。酸化が早く、茶色く変色しやすいため、使う直前に切る。

［出回り期］
1月 2月 3月 4月 5月 6月 7月 8月 9月 10月 11月 12月

春のフルーツ 4

ダークチェリー
cerise noire

Blanc manger et smoothie de cerise noire

ダークチェリーのブランマンジェとスムージー

ダークチェリーと香りが近いものを合わせようと考え、まず連想したのがアンズ。
そこから"杏"仁豆腐→（杏仁と香りが似ている）アーモンド
→（アーモンドで作る）ブランマンジェ……と発想を広げていった。
アイスとソースを兼ねてスムージーを添え、ジュレやブランマンジェの
デリケートなパーツに合わせて、やわらかいミルリトンを合わせた。

Blanc manger

ブランマンジェ

材料　直径2.5×長さ13.5cmのコルネ用の円筒6個分

マジパンローマッセ pâte d'amande crue ……130g
牛乳 lait ……190g
板ゼラチン gélatine en feuille ……7g
A｜アーモンドエッセンス extrait d'amande ……6g
　｜オレンジフラワーウォーター eau de fleur d'oranger ……2g
生クリーム（45%） crème liquide 45% MG ……300g

作り方

1 鍋にマジパンローマッセと牛乳を入れて温め、ハンドブレンダーでよく混ぜる。

2 氷水でふやかして水気を絞ったゼラチンを加え、溶かす。

3 ボウルに2を濾し入れ、底を氷水に当てて混ぜながら20℃くらいまで冷ます。

4 Aを加えて混ぜ、五分立てにした生クリームを加えて混ぜる。

5 コルネ用の円筒の片端に、ラップをかぶせて輪ゴムでとめ、4を流し入れる。冷凍庫で冷やし固める。

Appareil à mirliton

ミルリトン生地

材料　15cm四方のキャドル1枚分

A｜全卵 œufs ……50g
　｜卵黄 jaunes d'œufs ……15g
　｜グラニュー糖 sucre ……65g
　｜バニラビーンズ gousse de vanille ……1/6本分
アーモンドパウダー poudre d'amande ……57g
コーンスターチ fécule de maïs ……5g

作り方

1 ボウルにAを入れ、泡立て器でよくすり混ぜる。

2 1にアーモンドパウダー、コーンスターチを加え、さらに混ぜる。

3 天板にベーキングシートを敷いて15cm四方のキャドルを置き、2を流し入れて平らにならす。

4 170℃に予熱したオーブンで10分ほど焼く。キャドルから取り出して冷まし、12×3cmに切り分ける。

Gelée de cerise noire

ダークチェリーのジュレ

材料　縦15×横22cmのバット1枚(4人分)

ダークチェリー cerise noire ……100g

A ｜ 水 eau ……50g
　｜ グラニュー糖 sucre ……15g
　｜ レモン汁 jus de citron ……10g
　｜ バニラビーンズ(2番さや) gousse de vanille ……1/8本

板ゼラチン gélatine en feuille ……3g
キルシュ kirsch ……8g

作り方

1　ダークチェリーはぐるりと一周ナイフを入れ、実をねじって半分に割る。種を取り、細かく刻む。板ゼラチンは氷水で戻す。

2　鍋にダークチェリー、Aを入れて沸騰させ、ダークチェリーの色とバニラの香りを出す。

3　火を止めてバニラビーンズを除き、ハンドブレンダーにほんの数秒かけ、食感が残る程度にダークチェリーを軽くつぶす。

4　ボウルに移し、ゼラチンを水気を絞って加え、溶かす。底を氷水に当てて混ぜながら粗熱を取り、キルシュを加える。

5　縦15×横22cmのバットにラップを敷き、4を流し入れる。冷蔵庫で冷やし固め、13×4cmの長方形に切り分ける。

Smoothie aux cerises noires

ダークチェリーのスムージー

材料　4人分

ダークチェリー* cerise noire ……120g
レモン汁 jus de citron ……18g
牛乳 lait ……60g
バニラアイスクリーム glace vanille ……150g
黒胡椒 poivre noir ……1g

*　ダークチェリーがあまり甘くないときは、グラニュー糖を加えてもよい。

作り方

1　ダークチェリーは半分に割り(上記『ダークチェリーのジュレ』作り方1参照)、種を取り除き、冷凍する。

2　1とその他のすべての材料を合わせてハンドブレンダーにかけ、撹拌する。

[組み立て・盛り付け]

材料　仕上げ用

ダークチェリー cerise noire ……適量

ナパージュ nappage neutre ……適量

1　盛り付け用の皿にダークチェリーのジュレをのせ、その上に、厚みを半分に切ったミルリトンを重ねる。

2　ダークチェリー3個を半分に割って種を除き、1の上に並べる。

3　型から抜いたブランマンジェをのせ、飾り用ダークチェリー*をのせる。

4　ガラスのカップにダークチェリーのスムージーを入れ、皿にのせる。

*　ダークチェリーは軸が付いたまま底を薄くカットする。底に爪楊枝を2本刺して実と種の間を離し、種をくり抜く。ナパージュを塗る。

春のフルーツ 5

さくらんぼ
cerise

正式名は「桜桃」。楽しめるのは春の終わりから初夏にかけてのほんの一時期。さわやかな酸味と、透き通るように輝く美しい見た目が魅力だ。デザートにする場合は、シンプルなアレンジのほうがさくらんぼの繊細な味わいが活きる。傷みやすく、冷蔵庫での保存も長時間になると甘みが落ちるため、できるだけ早めに使う。切り口が茶色く変色しやすいので、使う直前に切るのが鉄則だ。

［出回り期］

| 1月 | 2月 | 3月 | 4月 | 5月 | 6月 | 7月 | 8月 | 9月 | 10月 | 11月 | 12月 |

Cerisier

スリジェ

国産のさくらんぼは味わいが繊細。
ゆえに、さくらんぼのコンポーテは多めに盛り、
あまり主張のないプレーンなバニラソルベを合わせるなどして
さくらんぼの味わいが全面に出るようにした。
ホワイトチョコのケーキやゆりかご形の飾りは、
さくらんぼの実と強度を合わせてやわらかく。
サーモンピンクと白の見た目も相まって
上品なイメージに仕上がった。

Cake au chocolat blanc

ホワイトチョコレートのケーキ

材料　直径6cmのタルトレット型フレキシパン16個分

ホワイトチョコレート chocolat blanc ……60g

牛乳 lait ……50g

水飴 glucose ……25g

全卵 œufs ……60g

グラニュー糖 sucre ……40g

A | 薄力粉 farine faible ……50g
　| ベーキングパウダー levure chimique ……2g
　| 脱脂粉乳 poudre de lait ……10g

B | 卵白 blancs d'œufs ……40g
　| グラニュー糖 sucre ……20g

作り方

1
ボウルに刻んだホワイトチョコレートを入れる。牛乳と水飴を鍋で沸騰させてボウルに入れ、チョコを混ぜ溶かす。

2
別のボウルに全卵とグラニュー糖を入れて混ぜ、1に加える。ふるったAを加え、泡立て器で混ぜる。

3
Bでツノが軽く立つくらいのメレンゲを作り、2に半量ずつ加えてそのつどやさしく混ぜる。

4
絞り袋に入れ、天板にのせたフレキシパンに半分の高さまで絞り入れる。130℃に予熱したオーブンで10〜12分焼く。

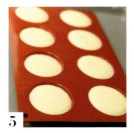

5
天板から取り出し、型ごと冷ます。

Compoté de cerise
さくらんぼのコンポーテ

材料　4人分

さくらんぼ cerise ……100g

A ｜ 水 eau ……30g
　　　グラニュー糖 sucre ……12g
　　　レモン汁*1 jus de citron ……6g

作り方

1
さくらんぼは縦にぐるりと一周ナイフを入れ、実をねじって半分に割り、種を取り除く。

2
鍋に**A**を入れて沸騰させ、さくらんぼを入れる。煮立ったら火を止め、熱いうちにブレンダーにかけて形がなくなるまで攪拌する*2。

3
ボウルに移し、底を氷水に当てて冷やす。

*1 レモン汁は褐変を防ぐために加えるが、酸味が気になる場合は、代わりにアスコルビン酸（ビタミンCの粉末）を使うと味が変わりにくい。

*2 加熱するとさくらんぼの色が落ちるので、気になる場合は少し色素を加えてもよい。

Sorbet à la vanille
バニラのソルベ

材料　10人分

牛乳 lait ……450g
生クリーム（45%） crème liquide 45% MG ……50g
水飴 glucose ……60g
バニラビーンズ gousse de vanille ……1/2本
コンデンスミルク lait concentré ……100g

作り方

1
鍋にすべての材料を入れて60℃くらいまで温め、バニラの香りを液体に移す。

2
ボウルに移し入れ、底を氷水に当てて冷やす。

3
バニラビーンズのさやを除き、アイスクリームマシンにかける。

Sauce aux cerises
さくらんぼのソース

材料　作りやすい分量

さくらんぼ cerise ……80g
グラニュー糖 sucre ……24g
水 eau ……80g

レモン汁 jus de citron ……5g
キルシュ kirsch ……10g

作り方

1 さくらんぼは縦にぐるりと一周ナイフを入れ、ひねって実を2つに割り、種を取り除く。さらにそれぞれ4等分に切る。

2 フライパンにグラニュー糖を入れて中火にかけ、キャラメル色になったら*、水とレモン汁を加え、混ぜながら溶かす。

3 2にさくらんぼを入れて軽く煮立て、キルシュを加える。

* 後で加えるさくらんぼの味を生かすため、グラニュー糖はキャラメル色に留める。焦がしすぎて苦味が出ないように注意。

[組み立て・盛り付け]

材料　仕上げ用

さくらんぼ cerises ……適量
ホワイトチョコレートの飾り* décor en chocolat blanc ……適量
金箔 feuille d'or ……適量

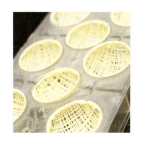

* テンパリングしたホワイトチョコレートをフィルムで作ったコルネに入れ、直径6cmの半球型に網目状に絞って縁を一周し、固めたもの。

1 さくらんぼの半量は、丸のままナイフを入れて種をくり抜く。残りの半量は、ナイフで実を半分に割ってから種を除く。

2 器の底にホワイトチョコレートのケーキを敷き、コンポート30gをかける。飾り用のホワイトチョコレートを置き、1のさくらんぼをのせる。

3 クネルにとったバニラのソルベをのせる。ホワイトチョコレートの上に金箔をのせ、枝付きのさくらんぼをのせる。

Cerisier | 041

春は、夏や秋に比べると、出回るフルーツの数が限られるため、レストランでのデザート作りに毎年悩む。そんな時の救世主がフルーツトマトだ。フルーツトマトは、特別な製法で糖度を高めた小粒のトマトの総称。最近では甘味だけを追求した品種が多いが、甘味だけでなく、酸味を併せ持つ品種がデザート作りには向く。今回は静岡生まれの品種「アメーラ」を使った。

［出回り期］
1月 2月 3月 4月 5月 6月 7月 8月 9月 10月 11月 12月

春のフルーツ 6

フルーツトマト
fruit-tomate

Cocktail de fruit-tomate et sa madeleine

フルーツトマトの カクテルとマドレーヌ

真っ先に思いついたのがトマトのジュレ。
上にはサラダ感覚のフレッシュをたっぷりのせて、
みずみずしいカクテルデザートに仕立てた。
トマトと相性のいいイチゴとオレンジを組み合わせると、
風味が増してぐっとデザートらしくなる。
マドレーヌにもフルーツトマトを使い、
口直し代わりにさっぱり系のヨーグルトのソルベを添えた。

Gelée de fruit-tomate

フルーツトマトのジュレ

材料　直径12cm（280mℓ）のマティーニグラス5個分

フルーツトマト fruit-tomate ……215g

イチゴ fraise ……20g

A ｜ オレンジジュース（100％）jus d'orange ……45g
　｜ グラニュー糖 sucre ……15g
　｜ ハチミツ miel ……15g

B ｜ グラニュー糖 sucre ……10g
　｜ アガー agar-agar ……4g

作り方

1
フルーツトマト、イチゴはヘタを取って**A**と合わせ、ハンドブレンダーで撹拌する。甘味を確認し、足りなければグラニュー糖（分量外）を加える。

2
鍋に漉し入れて沸騰させ、混ぜ合わせた**B**を加え、泡立て器で混ぜる。表面に浮いたアクをキッチンペーパーなどで取り除く。

3
手早くマティーニグラスに流し入れ、冷蔵庫で冷やし固める。

Marmelade de fruit-tomate

フルーツトマトのマルムラード

材料　マドレーヌ12～14個分

フルーツトマト fruit-tomate ……80g

ドライトマト tomate confite séchée ……40g

カソナード cassonade ……20g

レモン汁 jus de citron ……6g

オレンジジュース（100％）jus d'orange ……15g

作り方

1
フルーツトマトとドライトマトはヘタを取り、みじん切りにする。

2
鍋に**1**、他の材料をすべて入れ、水分がなくなるまで弱火で煮詰める。仕上がりの重量は70g程度が目安。

Madeleine de fruit-tomate

フルーツトマトのマドレーヌ

材料　マドレーヌ型12〜14個分

- **A** 全卵 œufs 60g
  - グラニュー糖 sucre 40g
  - バニラビーンズ gousse de vanille 1/5本分
- **B** 薄力粉 farine faible 70g
  - ベーキングパウダー levure chimique 2g

溶かしバター beurre fondu 70g

フルーツトマトのマルムラード〈P44参照〉 marmelade de fruit-tomate 70g

型塗り用
- バター beurre ......適量
- 強力粉 farine forte ......適量

作り方

1
ボウルに**A**を入れてよく混ぜる。ふるった**B**を加え、溶かしバターを混ぜる。

2
1に、細かく刻んだフルーツトマトのマルムラードを混ぜ*、冷蔵庫で15分以上休ませる。

3
マドレーヌ型にやわらかくしたバターを多めに塗り、型を冷蔵庫で冷やす。強力粉を多めにふり、裏返して余分な粉を落とす。

4
絞り袋に2を入れて型の七分目まで絞り入れ、200℃に予熱したオーブンで10分ほど焼く（途中、天板の奥と手前を入れ替えて焼きムラを防ぐ）。

5
焼けたらすぐに型から外し、冷ます。

*　マルムラードの果肉が大きいと、生地の底に沈んで型に付いてしまうので、なるべく細かく刻む。

Sorbet au yaourt

ヨーグルトのソルベ

材料　8人分

A ｜ 水 eau ……175g
　　グラニュー糖 sucre ……75g
　　水飴 glucose ……25g

B ｜ ヨーグルト yaourt ……170g
　　レモン汁 jus de citron ……18g
　　ハチミツ miel ……15g
　　生クリーム（38％）crème liquide 38% MG ……25g

作り方

1 Aを沸騰させてシロップを作り、冷やす。

2 ボウルにBを入れて混ぜ、1を加える。アイスクリームマシンにかける。

Mélange de fruits frais

フルーツミックス

材料　3〜4人分

フルーツトマト fruit-tomate ……1個
イチゴ fraises ……3個
オレンジのカルチエ quartiers d'orange ……3粒

A ｜ バルサミコ酢 vinaigre de balsamique ……小さじ1/2
　　オリーブオイル huile d'olive ……小さじ1/2
　　グラニュー糖 sucre ……ひとつまみ
　　塩 sel ……ごく少々

作り方

1 フルーツトマトはヘタを取って2cmの角切りに、イチゴは4つ割りに、オレンジのカルチエは半分に切る。

2 食べる直前に、1とAを合わせてあえる。

Peau de fruit-tomate séchée
フルーツトマトの皮のチップス

材料　作りやすい分量

フルーツトマト fruit-tomate ……適量
グラニュー糖 sucre ……適量

作り方

1 フルーツトマトは丸のままヘタをくり抜き、8等分のくし形に切る。皮を下にして置き、皮と実の間にナイフを入れ、皮をむく。

2 キッチンペーパーの上に皮を並べ、上にもう一枚ペーパーをかぶせて軽く押さえ、水気を取る。

3 皮のざらざらした面にグラニュー糖をまぶし、その面を上にして、オーブンペーパーを敷いた天板の上に並べる。100℃のオーブンで3〜4時間焼く。

〖 組み立て・盛り付け 〗

1 マティーニグラスに入れたジュレの上に、フルーツミックスを盛る。

2 盛り付け用の皿の中央に、マドレーヌを2つ盛る。隣に、余ったマドレーヌを崩して小さく盛り、クネルにとったヨーグルトのソルベをのせる。

3 同じ皿に1をのせ、フルーツトマトの皮のチップスを2枚飾る。

Une fruit-tomate sur la glace

氷の上のフルーツトマト

トマトの肉詰め料理「トマト・ファルシ」からイメージ。
ただ、フルーツトマトだけではやはり少し青臭さが気になるので、
イチゴをプラスした。意外に思うかもしれないが、
トマトとイチゴは味の相性が良く、
フランスではまま見かける組み合わせである。
飴のプレートの下にレモンのグラニテを敷き、
見た目も味わいも清涼感溢れる一皿になった。

Fruit-tomate pochée

フルーツトマトのポシェ

材料　5〜6人分

フルーツトマト fruit-tomate ……5-6個

A ｜ 水 eau ……400g
　　　グラニュー糖 sucre ……150g
　　　ハチミツ miel ……50g

作り方

1
フルーツトマトは表面に十字の切り目を軽く入れる。

2
鍋に湯を沸かしてフルーツトマトを静かに入れ、皮がはじけたら氷水に取る。ヘタを残し、皮をむく。

3
ヘタのまわりにナイフを入れてヘタをくり抜き、中にもナイフを入れ、細いスプーンで中身をかき出す。

4
鍋に**A**を沸かしてシロップを作る。

5
ボウルにトマトを入れて熱いシロップを注ぎ、ヘタをのせる。ラップで落しぶたをして常温まで冷まし、冷蔵庫で一晩寝かせる。

Marmelade fruit-tomate / fraise

フルーツトマトとイチゴのマルムラード

材料　8人分

フルーツトマト fruit-tomate ……160g

イチゴ fraise ……50g

A｜グラニュー糖 sucre ……30g
　｜レモン汁 jus de citron ……10g
　｜バニラビーンズ gousse de vanille ……1/5本

B｜グラニュー糖 sucre ……10g
　｜ペクチンNH pectine NH ……2g

作り方

1
フルーツトマトとイチゴはヘタを取り、フルーツトマトは皮をむき、ともに細かく刻む。

2
鍋に1、Aを入れ、弱火で煮詰める。水分がなくなってきたら、混ぜ合わせたBを加え、沸騰させながらよく混ぜる。

3
保存容器に移し、表面が乾かないようにラップで落としぶたをする。

Crème fromage

クレームフロマージュ

材料　5人分

クリームチーズ cream cheese ……50g

グラニュー糖 sucre ……10g

レモンの表皮のすりおろし zeste de citron râpé ……1/6個分

生クリーム（42％） crème liquide 42% MG ……75g

作り方

1
クリームチーズは常温に戻し、グラニュー糖、レモンの表皮を加えて混ぜ合わせる。

2
生クリームを加えて伸ばし、泡立て器で八分立てにする。

Granité au citron

レモンのグラニテ

材料　5〜6人分

A｜水 eau ……150g
　｜グラニュー糖 sucre ……80g
　｜ハチミツ miel ……20g
レモン汁 jus de citron ……60g
レモンの表皮のすりおろし zest de citron râpé ……1/3個分
ホワイトラム rhum blanc ……10g

作り方

1
鍋にAを入れて沸騰させ、シロップを作る。ボウルに移し、底を氷水に当てて冷やし、残りの材料を加える。

2
冷凍庫に入れ、固まりそうになったらフォークなどでかき混ぜ、再び冷凍庫で凍らせる。これを4〜5回繰り返す。

Décor en sucre

飴の飾り

材料　作りやすい分量

グラニュー糖 sucre ……150g
水飴 glucose ……50g
水 eau ……30g

作り方

1
鍋にすべての材料を入れて沸騰させ、140℃になるまで煮詰める。

2
ベーキングシートに広げて冷まし、固まったらミルにかけてパウダー状の飴にする。

3
ベーキングシートを敷いた天板に、直径9cmの円形にくり抜いたシャブロン型*を置き、さらにその中に、くり抜いた部分で作った直径2.5cmの円形シャブロンを置いて2の飴をふるう。シャブロンを外す。

4
220℃に予熱したオーブンに入れ、火を止め、数分おいて飴を溶かす。取り出してそのまま固める。

*　シャブロン型は厚い紙などで自作する。

[組み立て・盛り付け]

材料 仕上げ用

フルーツトマト fruit-tomate ……適量
イチゴ fraise ……適量
ミントの葉 feuilles de menthe ……適量

1 フルーツトマトのポシェはペーパーの上に1〜2分おいて軽く水気をきる。

2 絞り袋に丸口金をつけ、フルーツトマトのポシェの中にクレームフロマージュを九分目まで絞り入れる。

3 フルーツトマトを8等分のくし形に切ってから半分の長さに切り、ポシェの中に2切れほど詰める。フルーツトマトとイチゴのマルムラードを小さじ1ほど入れ、ポシェのヘタでフタをする。

4 深みのある盛り付け用の皿にレモンのグラニテをたっぷり敷き、4つ割りにしたイチゴ、3の残りのフルーツトマト、ミントの葉を散らす。

5 飴の飾りをのせ、穴のあいたところに、3のフルーツトマトのポシェをのせる。

Caramel
キャラメル2種

フルーツトマトと清美オレンジでキャラメルを作った。
フレッシュのフルーツを使う場合は味が安定しない場合があるので、
必ずフルーツ自体の味見をし、足りなければピューレなどで補うようにする。
フルーツトマトは塩味を利かせたかったので、バターは有塩を使った。
清美オレンジはほかの柑橘でもアレンジ可能だ。

Caramel fruit-tomate

フルーツトマトのキャラメル

材料　15×15cmのキャドル1枚分

フルーツトマト fruit-tomate ……160g*1
オレンジジュース（100%）jus d'orange ……30g
A　グラニュー糖 sucre ……150g
　　水飴 glucose ……45g
　　転化糖 trimoline ……55g
　　生クリーム（38%）crème liquide 38% MG ……60g
有塩バター beurre demi-sel ……60g

*1　味を濃くしたい場合はトマトの分量のうち50gを市販のトマトピューレに（もしくは10〜15gをトマトペーストに）置き換える。

*2　弱火で加熱すると水分が飛びすぎてしまうので、鍋のふちから火が出ない程度の強火で加熱する。

作り方

1
フルーツトマトは湯むきし〈P49『フルーツトマトのポシェ』作り方1〜2参照〉、ヘタを取る。ハンドブレンダーで撹拌してピューレ状にし、オレンジジュースを加えてさらに混ぜる。

2
大きめの鍋に、1、Aを入れて強火にかけ*2、混ぜながら120℃になるまで煮詰める。

3
バターを加え、再び120℃になるまで混ぜながら加熱する。

4
ベーキングシートの上に15×15cmのキャドルを置き、3を流し入れてそのまま冷ます。固まったら、食べやすい大きさに切ってフィルムで包む。

Caramel orange Kiyomi

清美オレンジのキャラメル

材料　15×15cmのキャドル1枚分

A　清美オレンジの果汁 jus de Kiyomi ……100g
　　清美オレンジのカルチエ quartier de Kiyomi ……150g
　　グラニュー糖 sucre ……100g
　　水飴 glucose ……50g
　　転化糖 trimoline ……40g
　　生クリーム（38%）crème liquide 38% MG ……100g

バター beurre ……60g

作り方

1
大きめの鍋にAを入れて強火にかけ〈上記注釈（＊2）参照〉、混ぜながら120℃になるまで煮詰める。

2
バターを加え、再び120℃になるまで混ぜながら加熱する。

3
ベーキングシートの上に15×15cmのキャドルを置き、2を流し入れてそのまま冷ます。固まったら、食べやすい大きさに切ってフィルムで包む。

梅

ヤマモモ

マンゴー

ソルダム

メロン

桃

イチジク

スイカ

chapitre 2

［夏のフルーツ］

一年で最も多くのフルーツが出回る華やかな季節。
特に、梅やソルダム、桃といったバラ科のフルーツには事欠かない。
色合いが鮮やかで、味がはっきりしている
フルーツが多いのもこの季節の特徴だ。

夏のフルーツ 1

梅
prune japonaise

梅はそのままでは食べられず、砂糖や酒などに漬けて加工することが多いが、すぐに使いたい場合は加熱調理するとよい。ここでは青梅ではなく、酸味がマイルドな完熟梅を使った。追熟もするが、はじめから完熟梅として売られている木成りのもののほうが香りがよい。傷みやすいのでなるべく早く使うこと。なり口のホシは竹串で取り除く。金属を腐食させる性質があるため、調理する際はステンレスやホーロー製の道具を使う。

［出回り期］
1月　2月　3月　4月　5月　6月　7月　8月　9月　10月　11月　12月

Prune japonaise et saké

梅とにごり酒のデザート

完熟梅を使ったアヴァン・デセールのような軽めのデザート。
梅の酸味に負けない、強い風味を持つにごり酒を相方に選んだ。
ジュレは炭酸水入り。梅のキリッとした酸味とシュワッとした爽やかな口溶け、
そして、鼻孔に抜けるにごり酒の芳醇な香り。使うパーツは
3種類のみだが、主張がある味わいで、食後の余韻が心地よい。

Gelée de sirop de prune japonaise
梅シロップのジュレ

材料　6〜8人分

完熟梅 prune japonaise ……3個（正味85g）
グラニュー糖 sucre ……105g
バニラビーンズ gousse de vanille ……1/2本
炭酸水（炭酸が強いもの）eau petillante ……できた梅シロップの重量の40%
板ゼラチン gélatine en feuille ……できた梅シロップと炭酸水を足した重量の2%

作り方

1 梅は種を切らずに四つ割りにする。まず、十字にぐるりと切り目を入れてから、種と実の間にナイフを入れて実をはがす。

2 ボウルに1の実、グラニュー糖、四等分に切ったバニラビーンズを入れて混ぜ、ラップをして1時間ほど湯煎にかける。

3 梅から水分が出きったらザルに上げる。シロップの重さを量り、炭酸水、板ゼラチンの分量をそれぞれ算出する。

4 板ゼラチンは氷水で戻し、シロップが熱いうちに水気を絞って加え、溶かす。

5 ボウルの底を氷水に当てて冷やし、固まる直前（10〜15℃）になったら炭酸水をボウルのふちから少しずつ加え、静かに混ぜる。

6 炭酸が抜けないようにラップで落としぶたをし、冷蔵庫で冷やし固める。

Sorbet au Saké
にごり酒のソルベ

材料　20人分

A
| にごり酒 saké ……200g
| 水 eau ……100g
| 水飴 glucose ……50g

グラニュー糖 sucre ……60g
安定剤 stabilisateur ……5g
にごり酒 saké ……170g
生クリーム（38%）crème liquide 38% MG ……80g

作り方

1 グラニュー糖と安定剤は混ぜ合わせておく。

2 鍋にAを入れて沸騰させ、1を加えてよく混ぜる。再び沸騰したら火を止めてボウルに移し、底を氷水に当てて冷やす。

3 にごり酒、生クリームを加えて混ぜ、アイスクリームマシンにかける。

Prune japonaise pochée
梅のポシェ

材料　12人分

完熟梅 prune japonaise ……6個（正味170g）

A ┃ グラニュー糖 sucre ……160g
　　┃ 水 eau ……80g

作り方

1 梅は耐熱容器に入れてラップをし、15分ほど湯煎にかける。完全にやわらかくなる手前の状態で取り出す。

2 梅にぐるりと一周ナイフで切り目を入れ、実をひねって半分に割り、種を取り除く。

3 ステンレスかホーローの鍋に**A**を入れて沸騰させる。火から下ろし、熱いうちに2を入れ、落としぶたをして常温で冷ます。

4 保存容器に入れ、冷蔵庫で保存する。

〚 組み立て・盛り付け 〛

材料　仕上げ用

金箔 feuille d'or ……適量

1 梅のポシェは四等分のくし形切りにする。

2 盛り付け用の器に梅シロップのジュレを盛る。

3 梅のポシェ3切れと、にごり酒のソルベを盛り、金箔を飾る。

夏のフルーツ 2

ヤマモモ
myrica rubra

関東や四国、九州などの暖地で採れるヤマモモ。庭や公園などにもよく植えられている。爽やかな甘みと酸味、そして松ヤニに似た独特の風味を生かすには、手を加えすぎず、フレッシュで使ったり、アイスやマルムラードにするなどシンプルな加工が向く。直径1〜2cmと実は小さめだが種が大きいので、実を削って使う以外にも、あえて種が入ったまま丸ごと使ってもよい。傷みやすいのですぐに使うこと。

[出回り期]

1月	2月	3月	4月	5月	6月	7月	8月	9月	10月	11月	12月
						●					

Flan au myrica rubra

ヤマモモのフランとソルベ

大好きなフランに、帰省の際に実家の近所で採ったヤマモモを合わせた。
ヤマモモとフランの両方の良さを活かしたシンプルな構成。
まずはヤマモモをフレッシュでどう使うかを考え、種はそのまま、
仕上げにフランの上に敷き詰めた。ヤマモモはそのままだとややダークな色味だが、
牛乳やコンデンスミルクを合わせたソルベは鮮やかなローズピンクになる。
ソースを敷いて、より華やかに仕上げた。

Flan à la vanille

バニラのフラン

材料 直径6.5×高さ2.3cmのセルクル6個分

A | 牛乳 lait 220g
水 eau 160g
バニラビーンズ gousse de vanille 1/3本

全卵 œufs 120g
卵黄 jaunes d'œufs 20g

グラニュー糖 sucre 80g
B | 薄力粉 farine faible 16g
コーンスターチ fécule de maïs 14g

型塗り用バター beurre ......適量

作り方

1 鍋に**A**を入れ、沸騰させる。

2 ボウルに全卵と卵黄を入れて混ぜ、グラニュー糖、ふるった**B**の順に加え、そのつど混ぜる。**1**を加え、漉して鍋に戻す。

3 中火にかけ、ヘラで絶えず混ぜながら、沸騰してツヤが出るまで加熱する。

4 セルクルの内側にバターを塗り、ベーキングペーパーを敷いて天板にのせる。**3**を流し入れ、180℃に予熱したオーブンで40分ほど焼く。

5 取り出し、表面が平らになるようにパレットナイフなどで整える。粗熱が取れたらセルクルに接したところにナイフを入れて離す。冷蔵庫に一晩おいて落ち着かせる。

Marmelade au myrica rubra

ヤマモモのマルムラード

材料 8～10人分

A | ヤマモモ（種を除いたもの）
myrica rubra 100g
グラニュー糖 sucre 30g
レモン汁 jus de citron 8g

B | グラニュー糖 sucre 10g
ペクチンNH pectine NH 2g

作り方

1 鍋に**A**を入れて火にかけ、煮立たせる。

2 **B**は混ぜ合わせ、**1**に加えながらよく混ぜる。1分ほど煮て火を止める。

Sorbet au myrica rubra

ヤマモモのソルベ

材料　8人分

A ┃ 牛乳 lait ……100g
　┃ 水飴 glucose ……20g
　┃ コンデンスミルク lait concentré ……70g

B ┃ ヤマモモ（種を除いたもの） myrica rubra …… 140g
　┃ サワークリーム crème fraiche ……40g
　┃ レモン汁 jus de citron ……10g

作り方

1
鍋でAを温め、ボウルに移して底を氷水に当てて冷やす。

2
Bを加え、ハンドブレンダーで撹拌する。アイスクリームマシンにかける。

Pâte brisée

ブリゼ生地

材料　8〜10人分

バター beurre ……80g
薄力粉 farine faible …… 125g
グラニュー糖 sucre ……6g
塩 sel ……3g

A ┃ 冷水 eau froide ……10g
　┃ 牛乳 lait ……10g

作り方

1
細かく切ったバター、ふるった薄力粉、グラニュー糖、塩はボウルに合わせ、冷やしておく。

2
製菓用ミキサーのボウルに1を入れ、フックをつけてポロポロになるまで混ぜる。

3
Aは混ぜ合わせ、2に少しずつ加え、ある程度まとまるまで混ぜる*。

4
生地を取り出して四角形にまとめ、ラップで包み、冷蔵庫で30分〜1時間寝かせる。

5
生地を麺棒で2〜3mmの薄さに伸ばし、ピケして180℃に予熱したオーブンで15分ほど焼く。

6
一度オーブンから取り出して直径6.5cmのセルクルで抜き、さらに焼き色がつくまで焼く。

* 混ぜすぎるとグルテンが出て仕上がりが固くなるので注意。

Flan au myrica rubra

〚 組み立て・盛り付け 〛

材料　仕上げ用

ヤマモモの果汁 jus de myrica rubra ……適量

ヤマモモ myrica rubra ……適量

粉糖 sucre glace ……適量

バニラビーンズ（2番さやを細長くカットしたもの）gousse de vanille ……適量

金箔 feuille d'or ……適量

1　マルムラードを適量を取り分け、ヤマモモの果汁を加えてのばし、ソースを作る。

2　残ったマルムラードをブリゼ生地に塗り、フランをのせる。上にヤマモモを8個のせ、粉糖をふる。

3　盛り付け用の皿の中央に、滑り止め用のマルムラードを少量盛り、周りに1のソースで円を描く。

4　皿の中央に2をのせ、クネルにとったヤマモモのソルベをのせる。バニラビーンズのさや、金箔を飾る。

Baba au myrica rubra et fruit sec

ヤマモモと
ドライフルーツのババ

ババを漬けるシロップには通常、ラム酒を効かせるが、
アルコールに弱い人も食べられるように、
このルセットでは酒を加えていない。
コンポートは、多種のドライフルーツやナッツ、スパイスを
赤ワインに入れて煮たもの。ヤマモモは
赤ワインに味が出きってしまわないように最後に入れ、
さっと煮れば出来上がりだ。

Baba

ババ

1. ババ生地 Pâte à baba

材料　直径4cmの半球型フレキシパン50個分

A
- 薄力粉 farine faible 100g
- 強力粉 farine forte 100g
- バター beurre 70g
- ドライイースト levure seché 5g
- 塩 sel 2g
- ハチミツ miel 9g

全卵 œufs 250g

作り方

1
Aの薄力粉と強力粉は合わせてふるい、バターは角切りにして、ともに冷やす。全卵も冷やしておく。

2
製菓用ミキサーのボウルに**A**＊、卵の半量を入れ、フックをつけて低速で回す。グルテンが出てボウルの底に生地がつかなくなったら残りの卵を少しずつ加え、そのつどグルテンが出るまで混ぜる。

3
こね上がったらバットに取り出し、ラップをして冷蔵庫で15分ほど休ませる。

4
半球型のフレキシパンに3を八分目まで絞り出し、絞り終わりを指先で整える。ラップをして28〜30℃くらいの温かいところに1時間ほどおき、2倍の大きさに膨らむまで発酵させる。

5
180℃に予熱したオーブンで20分ほど焼く。表面に焼き色がついたら生地を裏返してフレキシパンの中に立てかけるように入れ、全体に焼き色がつくまで再度オーブンで焼く。

6
焼けたら網に取り出して冷ます。すぐ使わない場合は冷凍保存する。

＊ 塩とイーストは直に触れると生地が膨らまなくなるので、塩を他の粉で隠しておく。

2. シロップ *Sirop*

材料　作りやすい分量

水 eau …… 250g

グラニュー糖 sucre ……200g

オレンジの表皮 zeste d'orange ……1/2個分

レモンの表皮 zeste de citron ……1/2個分

シナモンスティック bâton de cannelle ……1/2本

バニラビーンズ gousse de vanille ……1/5本

作り方

1
鍋にすべての材料を入れて沸騰させ、火を止めてそのまま一晩おく。

---

3. 仕上げ

1
シロップを50〜60℃に温め、ボウルに移し、ババ生地を表面を下にして入れる。

2
一回り小さいボウルに水を入れ、**2**のボウルに重ね、浮かないようにしてシロップを中まで染み込ませる。

Compote

コンポート

材料 5人分

ヤマモモ myrica rubra ……40g

A
- ドライアプリコット abricot sec ……10g
- ドライ黒イチジク figue noire séchée ……20g
- アーモンド amande ……10g
- ドライクランベリー airelle rouge séchée ……15g
- レーズン raisin noir sec ……20g
- カシューナッツ cajou ……15g
- シナモンスティック bâton de cannelle ……1本
- アニス anis ……1個
- バニラビーンズ（2番さや）gousse de vanille ……1本

グラニュー糖 sucre ……60g

赤ワイン vin rouge ……120g

水 eau ……50g

作り方

1 **A**のドライアプリコット、ドライ黒イチジク、アーモンドは食べやすい大きさに切っておく。

2 鍋にグラニュー糖をふり入れて火にかけ、薄いキャラメル色になったら赤ワインを少しずつ入れて混ぜ、続いて水も加える。

3 2に**A**をすべて入れ、ドライフルーツがやわらかくなるまで弱火で煮る。ヤマモモを加えて軽く煮る。

Crème chantilly

クレームシャンティー

材料 5人分

生クリーム（35%）crème liquide 35% MG ……150g

グラニュー糖 sucre ……15g

バニラビーンズ gousse de vanille ……1/6本分

作り方

1 ボウルに材料をすべて入れ、八分立てにする。

〔 組み立て・盛り付け 〕

材料　仕上げ用

ドライフルーツ（イチジク、アプリコットなど） fruits secs ……適量

ヤマモモ　myrica rubra ……適量

バニラビーンズ（2番さやを細長くカットしたもの） gousse de vanille ……適量

1　ドライフルーツは食べやすい大きさに切る。

2　盛り付け用の皿に、ババを3個盛る。うち1個は下にコンポートを少量盛って斜めに傾け、見た目に動きを出す。

3　ヤマモモをランダムに散らし、クレームシャンティをスプーンで2ヵ所に盛る。

4　ドライフルーツを散らしてバニラビーンズを飾り、コンポートを適量かける。余ったコンポートは小さな器に入れて添える。

夏のフルーツ 3

マンゴー
mangue

南国フルーツらしい濃厚な甘みと風味があり、味がはっきりしているため、生食はもちろん加工もしやすい。代表的な品種は、皮が赤い「アーウィン（アップルマンゴー）」や、皮が黄色い「ペリカンマンゴー」。国産は完熟したものが多く、すぐに使えるが、未熟なかたいマンゴーの場合は、常温で数日、追熟させてから使う。

[出回り期]
1月 2月 3月 4月 5月 6月 7月 8月 9月 10月 11月 12月

Mangue fondante avec des fruits exotiques

マンゴーのフォンダン

グループ・アラン・デュカスで働き始めた当初、
現場でよく作っていた思い出のデザートが発想の源。
マンゴーを分厚く切ってステーキのように焼くという大胆なルセットはそのままに、
トロピカルフルーツやココナッツを合わせて南国の味で揃えた。
鮮やかな色の取り合わせで華やかさを意識し、切り方と盛り方で見た目に動きを出した。

Mangue fondante

マンゴーのフォンダン

材料　2人分

マンゴー　mangue ……1個
グラニュー糖　sucre ……40g
バター　beurre ……30g
パッションフルーツピューレ　purée de fruit de la passion ……150g

作り方

1
マンゴーは皮をむく。実の幅が狭いほうを縦にして置き、種が入っている中心2cmほどを避けて両サイドの果肉を厚くスライスする。丸い面を薄く切って平らにし、面取りする*。

2
フライパンにグラニュー糖をふり入れて火にかける。薄いキャラメル色になったら、バターの半量と1のマンゴー2枚を入れ、両面にからめる。

3
残りのバターとパッションフルーツピューレを加え、やさしく混ぜながらキャラメルを溶かす。

4
マンゴーの3/4の高さまでピューレが浸る大きさの耐熱皿に、3を移し入れる。

5
アルミホイルをかぶせ、180℃に予熱したオーブンでまず10分焼く。

6
マンゴーを裏返し、表面が乾かないようにピューレを上からかけ、アルミホイルを再びかけてさらに10分ほど焼く。

7
マンゴーの少し上からナイフを落とし、力を入れなくてもスッと下まで入れば焼き上がり。皿を取り出してそのまま冷ます。

＊　この時に出る細かいマンゴーや、種の周りの果肉は、マルムラード〈P73〉に使う。

Crumble

クランブル

材料　作りやすい分量

バター　beurre ……30g
粉糖　sucre glace ……30g
アーモンドパウダー　poudre d'amande ……30g
薄力粉　farine faible ……30g

作り方

1
ボウルに室温に戻したバターを入れ、ヘラで混ぜてポマード状にする。粉糖、アーモンドパウダー、薄力粉の順に加え、粉っぽさがなくなるまでよく混ぜる。

2
カードでざっとひとまとめにし、手で1cmほどの大きさにちぎり、ベーキングシートを敷いた天板に広げる。焼いた時に膨らまないように、そのまま15分ほどおいて乾燥させる。

3
160℃に予熱したオーブンで約15分焼く。天板を取り出してそのまま冷まし、手でほぐす。

Marmelade de mangue

マンゴーのマルムラード

材料 6人分

マンゴー mangue ……200g
カソナード cassonade ……70g
レモン汁 jus de ciron ……25g

作り方

1 マンゴーは5mm角に切る。

2 鍋に1、カソナード、レモン汁を入れて煮立て、弱火にして水分がなくなるまで煮る。

3 バットに取り出して冷ます。

Sorbet au coco

ココナッツソルベ

材料 15人分

A ┌ ココナッツピューレ purée de coco ……400g
  │ 牛乳 lait ……200g
  └ グラニュー糖 sucre ……100g

水飴 glucose ……35g
バニラビーンズ gousse de vanille ……1本
マリブ* Malibu ……30g

作り方

1 鍋にAを入れて温め、ボウルに移し、底を氷水に当てて冷やす。

2 バニラビーンズを除いてマリブを加え、アイスクリームマシンにかける。

* ココナッツとホワイトラムで作られたリキュール。

Sauce caramel passion

パッションフルーツとキャラメルのソース

材料 作りやすい分量

グラニュー糖 sucre ……100g
水 eau ……30g
パッションフルーツピュレ purée de fruit de la passion ……30g

作り方

1 鍋にグラニュー糖をふり入れて中火にかける。

2 キャラメル色になったら、水とパッションフルーツピューレを加え、混ぜながら溶かす。

3 好みのかたさになるまで煮詰める。

Mangue fondante avec des fruits exotiques

[組み立て・盛り付け]

材料　仕上げ用

マンゴー、パイナップル、キウイ、パパイヤなどのトロピカルフルーツ fruits exotiques ……各適量
金箔 feuille d'or ……適量

1 マンゴーのフォンダンは、上に直径5cmのセルクルを置き、外側にナイフを当てて丸く切る。

2 トロピカルフルーツは皮をむき、適量を取り分けて細長い乱切りにする。

3 残りのトロピカルフルーツは5mm角に切り、同量のクランブルを混ぜる。

4 盛り付け用の皿に直径8cmのセルクルを置き、中央よりやや左上の部分を丸くあけてマンゴーのマルムラードを敷く*1。

5 4で丸くあけた部分に直径5cmのセルクルを置き、中に3のクランブルを7〜8mm高さに敷き、セルクルを抜く。マルムラードの上に、乱切りにしたフルーツを盛る。

6 5のクランブルの上にマンゴーのフォンダン*2を置き、金箔を飾る。クランブルを添えてタネルにとったソルベをのせる。ソースをガラスのカップに入れて添える。

*1　後でマンゴーのフォンダンを重ねる部分は、マンゴーの味が強くなりすぎないようにマルムラードを敷かずに盛る。

*2　マンゴーのフォンダンは必ず温かい状態で盛ること。冷たいとバターが固まって浮いてしまう。

Verrine de mangue
マンゴーのヴェリーヌ

濃厚なマンゴープリンに、さっぱりしたわらび餅と
フレッシュマンゴーの組み合わせ。
マンゴーをふんだんに使用しつつ、
食感の違いでバリエーションをつけ、
パッションフルーツやライムで風味付けするなどして、
平坦な印象にならないように工夫した。
小さめサイズでも食べごたえを感じられるはずだ。

Crème de mangue
マンゴープリン

材料　直径5×高さ10cmのグラス6個分

A　水 eau ……125g
　　マンゴーピューレ* purée de mangue ……175g
　　グラニュー糖 sucre ……65g
板ゼラチン gélatine en feuille ……5g
レモン汁 jus de ciron ……5g
ホワイトラム rhum blanc ……22g
牛乳 lait ……100g
生クリーム（45%）crème liquide 45% MG ……50g

* フレッシュを使う場合は、マンゴーをハンドブレンダーでピューレ状にして漉し、味をみて10〜20%のグラニュー糖を混ぜる。

作り方

1 板ゼラチンは氷水で戻す。Aは鍋に入れて60℃ほどまで温め、水気を絞ったゼラチンを加えて混ぜながら溶かす。

2 ボウルに移して底に氷水を当てて冷やし、レモン汁、ホワイトラムを加える。完全に冷えたら、牛乳と生クリームを加えて混ぜる。

3 グラスに90gずつ注ぎ入れ、冷蔵庫で冷やし固める。

Boule de warabi
わらび餅

材料　直径5×高さ10cmのグラス6個分

水 eau ……225g
わらび粉 poudre de warabi ……60g
グラニュー糖 sucre ……54g
ライム果汁 jus de citron vert ……18g

作り方

1 鍋に水とわらび粉を入れ、よく混ぜてわらび粉を溶かす。

2 グラニュー糖、ライム果汁を加えて中火にかけ、ゴムべらで練りながらツヤが出るまで炊く。

3 バットに大きくラップを敷いて2を流し入れ、1cmの厚みになるようにラップで調整して包む。そのまま粗熱を取り、冷蔵庫で冷やす*。

* できたわらび餅は、時間が経つとかたくなってしまうので早めに使い切ること。

Sauce aux fruits exotiques

トロピカルフルーツのソース

材料　5人分

マンゴーピューレ* purée de mangue ……30g
パッションフルーツピューレ purée de fruit de la passion ……30g
シロップ（グラニュー糖と水を1:1の割合で煮溶かし冷ましたもの）sirop 1:1 ……20g
ライム果汁 jus de citron vert ……4g

作り方

1 ボウルにすべての材料を入れ、ハンドブレンダーで混ぜる。

* フレッシュを使って作る場合は、P76「マンゴープリン」の注釈（＊）参照。

〚 組み立て・盛り付け 〛

材料　仕上げ用

マンゴー mangue ……適量
ライムの表皮のすりおろし zeste de citron vert râpé　適量

1 わらび餅とマンゴーはともに1cm角に切ってボウルに合わせ、トロピカルフルーツのソース適量、ライムの表皮のすりおろし適量を加えてあえる。

2 マンゴープリンの上に1を盛り、ライムの表皮を削ってふる。

Verrine de mangue

夏のフルーツ 4

ソルダム
prune rouge

すももの一種。皮は緑色に赤が混じった状態で売られていることが多いが、果肉は赤。果肉の色が薄ければまだ未熟、濃い赤色なら、熟して甘味が増した証拠だ。皮に含まれている酸味は、ソルダムの魅力のひとつなので、デザート作りにもぜひ取り入れたいところ。切り口が褐変しやすいので、切ったらすぐに使う。

［出回り期］
| 1月 | 2月 | 3月 | 4月 | 5月 | 6月 | 7月 | 8月 | 9月 | 10月 | 11月 | 12月 |

Soupe à la prune rouge

ソルダムのスープ

ソルダムの実の鮮やかな赤色を生かした、
冷製スープ仕立てのデザート。
いったんキャラメリゼしてからスープにすることで、
単なる甘味だけではない自然なコクと風味が生まれ、
色もサーモンがかったやさしいピンクになった。
ソルダムの酸味とのバランスを考え、
仕上げにホワイトチョコレートを飾って甘味を補った。

Feuilletage inversé
フィユタージュ・アンヴェルセ

材料　20人分

A
- バター beurre ……225g
- 薄力粉 farine faible ……45g
- 強力粉 farine forte ……45g

B
- 強力粉 farine forte ……110g
- 薄力粉 farine faible ……100g
- 塩 sel ……8g
- 溶かしバター beurre fondu ……68g
- 水 eau ……85g

作り方

1 製菓用ミキサーのボウルに**A**を入れ、パレットで混ぜる。まとまったら取り出して四角形に整え、ラップで包んで冷蔵庫で最低2時間寝かせる。

2 **B**も同様に製菓用ミキサーで混ぜ、**A**と同じ大きさの四角形に整えてラップで包み、冷蔵庫で最低2時間寝かせる。

3 **A**の生地を、**B**の2倍の長さになるように麺棒で縦長に伸ばす。

4 **A**の生地の手前に**B**を重ねて置き、**A**を向こう側から手前に折りたたみ、左右と手前の端を閉じて**B**の生地をを完全に包み込む。

5 4を前後に伸ばして三つ折りにする。生地を90度回転させ、再び前後に伸ばして今度は四つ折りにする。同様にして三つ折り、四つ折りをもう1回ずつ繰り返す。

6 生地を5mm厚さに伸ばして直径6.5cmのセルクルで抜き、ベーキングシートを敷いた天板に並べる。

7 170℃に予熱したオーブンで40分ほど焼く。途中、生地が膨らんできたら、ベーキングシートをかぶせてから天板で重しをする。

Marmelade de prune rouge
ソルダムのマルムラード

材料　作りやすい分量

- ソルダム prune rouge ……120g
- グラニュー糖 sucre ……50g
- バニラビーンズ gousse de vanille ……1本

A
- グラニュー糖 sucre ……20g
- ペクチンNH petine NH ……2g

作り方

1 ソルダムはぐるりと一周ナイフを入れ、実をひねって半分に割り、種を取り除く。5mm角に切る。

2 鍋にソルダム、グラニュー糖、バニラビーンズを入れ、ヘラで混ぜながら、ソルダムが透き通ってくるまで中火で煮る。

3 **A**は混ぜ合わせ、2に加えながら混ぜる。ひと煮立ちしたら、バットに広げて冷ます。

Soupe de prune rouge

ソルダムのスープ

材料 4人分

ソルダム prune rouge ……150g

グラニュー糖 sucre ……50g

水 eau ……20g

キルシュ kirsch ……12g

アスコルビン酸* acide ascorbique ……全体量の0.3〜0.5%

＊ | ビタミンCの粉末。

作り方

1

ソルダムはぐるりと一周ナイフを入れ、実をひねって半分に割り、種を取り除く。16等分のくし形切りにする。

2

フライパンにグラニュー糖をふり入れて熱し、薄いキャラメル色になったら、ソルダムを入れてからめる。ソルダムが煮崩れる前に水を加え、続けてキルシュを加えてフランベする。

3

2をボウルに移し、空気に触れないようにラップで落としぶたをし、常温で冷ます。

4

アスコルビン酸の分量を算出して加え、ハンドブレンダーで撹拌してスープにする。皮がギリギリ残るくらいの粗めのザルで漉し、冷蔵庫で保存する。

Crème glacée à la vanille

バニラアイスクリーム

材料 12〜15人分

A | 牛乳 lait ……240g
　　| 生クリーム（38%） crème liquide 38% MG ……160g
　　| バニラビーンズ gousse de vanille ……1本分

卵黄 jaunes d'œufs ……120g

グラニュー糖 sucre ……80g

作り方

1

鍋に**A**を入れ、沸騰直前まで温める。

2

ボウルに卵黄を入れてほぐし、グラニュー糖を加えて泡立て器で混ぜる。**A**を加えて混ぜ、鍋に戻して中火にかけ、混ぜながら83℃まで温める。

3

ボウルに移し、底を氷水に当てて混ぜながら冷やす。冷蔵庫で1晩寝かせる。

4

漉し、アイスクリームマシンにかける。

Soupe à la prune rouge | 081

〔 組み立て・盛り付け 〕

材料 仕上げ用

ソルダム prune rouge ……適量
フランボワーズ framboise ……適量
粉糖 sucre glace ……適量
ホワイトチョコレートの飾り* décor en chocolat blanc ……適量
バニラビーンズ（2番さやを細長くカットしたもの）gousse de vanille ……適量
金箔 feuille d'or ……適量

* 底辺18cm、高さ4.5cmの直角三角形のフィルムにテンパリングしたホワイトチョコレートを薄く塗る。直径6.5cmのセルクルにフィルムを外側にして巻き付け、固まったらセルクルとフィルムを外す。小さいセルクルをバーナーで熱し、側面を円形に抜く。

1 フィユタージュの厚みにナイフを入れて2枚にし、1枚にマルムラードを塗ってもう1枚ではさむ。

2 仕上げ用のソルダムを切る。薄めと厚めのくし形切り、それをさらに半分に切ったもの、5mm角に切ったものなどバリエーションをつける。フランボワーズは底面に粉糖をつけておく。

3 深みのある器に1のフィユタージュを敷き、ホワイトチョコレートの飾りをかぶせる。フィユタージュの上にくし形のソルダムを見栄えよく飾る。

4 周りにスープを注ぎ、5mm角に切ったソルダムを散らす。

5 3の上にクネルにとったバニラアイスをのせ、2のフランボワーズを飾る。バニラのさやを飾り、アイスとスープの上に金箔をのせる。

082 | ソルダムのスープ

Pâte de fruit

パート・ド・フリュイ2種

ほかであまり見ないプラム系のフルーツでパート・ド・フリュイを作ろうと考えた。
選んだのはソルダムと完熟梅。HMペクチンを使って固めるが、
ソルダムも梅も酸味が強いので、煮詰め方が足りないとうまく固まらないことがある。
必ず温度計を使い、ソルダムは108℃、完熟梅は109℃まで煮詰めることが肝要だ。

Pâte de fruit prune rouge
ソルダムのパート・ド・フリュイ

材料　15cm四方のキャドル1台分

ソルダムのピューレ purée de prune rouge ……240g
グラニュー糖 sucre ……250g
水飴 glucose ……60g
A｜ペクチンHM（ハードゼリー用）pectine HM ……8g
　｜グラニュー糖 sucre ……30g
B｜酒石酸*1 acide tartrique ……5g
　｜水 eau ……4g
グラニュー糖（仕上げ用・粗粒）sucre ……適量

*1　しゅせきさん
　　生地を酸性に傾けてペクチンの凝固を助ける。薬局で手に入る。

Pâte de fruit prune japonaise
梅のパート・ド・フリュイ

材料　15cm四方のキャドル1台分

完熟梅のピューレ purée de prune japonaise ….235g
グラニュー糖 sucre ……260g
水飴 glucose ……80g
A｜ペクチンHM（ハードゼリー用）pectineHM ….9g
　｜グラニュー糖 sucre ……40g
B｜酒石酸*1 acide tartrique ……6g
　｜水 eau ……5g
グラニュー糖（仕上げ用・粗粒）sucre ….適量

作り方　作り方は同じ

1
ピューレを作る。ソルダムまたは完熟梅は、種を除いてハンドブレンダーで撹拌し、皮がギリギリ残るくらいの粗めのザルで漉してから計量する。

2
A、Bはそれぞれ混ぜ合わせておく。キャドルの下にシルパットを敷いておく。

3
鍋*2に1、グラニュー糖、水飴を入れて火にかける。沸騰したら、Aを加えながら泡立て器で混ぜ、ソルダムは108℃まで、梅は109℃まで煮詰める。

4
火を止め、Bを加えて混ぜ、手早くキャドルに流す。表面が乾く前に粗粒のグラニュー糖をふる。

5
固まったら2.8cm角に切り、断面と裏面にもグラニュー糖をまぶす。

*2　梅のパート・ド・フリュイを作る時は、ステンレスかホーロー製の鍋を使うこと。

夏のフルーツ 5

メロン
Melon

果肉の色によって青肉、赤肉、白肉の3種類に分けられる。加工する場合は、常温で数日間、実が崩れるくらいまで追熟させるとよい。ただし、加工後は時間が経つほど味が落ちるので、切ったらなるべく早めに使い、味が物足りないときはメロンリキュールなどで補う。果肉は、外側よりも種に近い内側のほうが甘味が強い。長時間冷やしすぎると甘味が落ちるので、使う2～3時間前に冷蔵庫へ。

[出回り期]
1月 2月 3月 4月 5月 6月 7月 8月 9月 10月 11月 12月

Coupe de melon
メロンのクープ

メロンの旬である夏にさっぱりと食べられる、冷たいグラスデザートを考案。
フレッシュのメロンはそれだけで十分甘いので、合わせる乳製品は
重い生クリーム系ではなく、爽やかなヨーグルトにしてバランスをとった。
青肉メロンで作ったグラニテと色がかぶらないように、
2色の角切りメロンは赤肉を多めに盛っている。

Crumble

クランブル

材料 作りやすい分量

バター beurre ……35g
粉糖 sucre glace ……35g
アーモンドパウダー poudre d'amande ……35g
薄力粉 farine faible ……35g

作り方

1
ボウルに室温に戻したバターを入れ、ヘラで混ぜてポマード状にする。粉糖、アーモンドパウダー、薄力粉の順に加え、粉っぽさがなくなるまでよく混ぜる。

2
カードでざっとひとまとめにし、手で1cmほどの大きさにちぎり、ベーキングシートを敷いた天板に広げる。焼いた時に膨らまないように、そのまま15分ほどおいて乾燥させる。

3
160℃に予熱したオーブンで約15分焼く。天板を取り出してそのまま冷まし、手でほぐす。

gelée au yaourt

ヨーグルトのジュレ

材料 シャンパングラス10個分

A │ グラニュー糖 sucre ……30g
　　│ ハチミツ miel ……15g
　　│ 水 eau ……80g

板ゼラチン gélatine en feuille ……6g
ヨーグルト yaourt ……250g
レモン汁 jus de citron ……15g

作り方

1
板ゼラチンは氷水で戻しておく。鍋にAを入れて60〜70℃まで温め、水気を絞ったゼラチンを加えて溶かす。

2
ボウルに移して底を氷水に当てて冷やし、ヨーグルトとレモン汁を加える。

3
固まる直前まで冷やしてグラスに注ぎ入れ、冷蔵庫で冷やし固める。

Granité au melon

メロンのグラニテ

材料　15人分

メロン（青肉）melon 200g
レモン汁 jus de citron 5g
A ┃ メロンリキュール extrait de melon ......適宜
　┃ グラニュー糖 sucre ......適宜
塩 sel ......少々

作り方

1
メロンは皮と種を取り除いてボウルに入れ、レモン汁を加えてハンドブレンダーで攪拌する。

2
味をみて必要ならAを加え、塩を加えて甘みを引き立てる。凍らせると甘みを感じにくくなるのでここでは甘めに仕上げる。

3
保存容器に入れて冷凍庫で冷やし固め、フォークなどでかき混ぜる。

Décor en sucre

飴の飾り

材料　作りやすい分量

フォンダン* fondant 225g
水飴 glucose 150g
バター beurre 20g

作り方

1
鍋にすべての材料を入れて120℃まで煮詰める。

2
シルパットの上に薄く伸ばし、そのまま冷まして固める。

3
2をミルにかけ、パウダー状にする。天板の上にシルパットを敷き、下が見えなくなるまでふるう。

4
オーブンを220℃に予熱し、3を入れて火を止める。そのまま8〜10分おいて余熱で溶かす。

5
できた飴を温かいうちに引っ張ってちぎる。

＊　菓子やパンにかける砂糖衣。砂糖と水飴を煮詰め、白くなるまで練ったもの。

[組み立て・盛り付け]

材料 仕上げ用

メロン（青肉・赤肉）melon ……各適量
好みでブランデー brandy ……適宜

1 メロンは皮と種を取り除き、1.5〜2cm角に切る。

2 ヨーグルトのジュレを入れて固めたグラスに、クランブル、メロンの順に入れる。上に重ねるグラニテが緑色なので、赤肉メロンを多めに入れると色のバランスがとれる。

3 グラニテを盛り、飴の飾りをさす。好みでブランデーを添えてもよい。

Parfait au melon parfumé aux agrumes

メロンのパルフェ、シトラスの香り

ブノワ時代に知り、印象に残っていた
メロンとオレンジの味の組み合わせを土台にしてイメージを広げた。
パルフェには、フレッシュのメロンで作ったピューレを使用。
時折感じるシャリッとした歯ざわりが楽しい。飾りのメロンは青肉と赤肉の2色を使い、
微妙に切り方を変えて変化をつけた。飴の飾りは、メロンの網目をイメージしたもの。

Biscuit joconde

ビスキュイ・ジョコンド

材料　15cm四方のキャドル2台分

A
- アーモンドパウダー　poudre d'amande 98g
- 粉糖　sucre glace 98g
- 薄力粉　farine faible 44g

- 全卵　œufs 68g
- 卵黄　jaunes d'œufs 68g
- 卵白　blancs d'œufs 188g
- グラニュー糖　sucre 30g
- 溶かしバター　beurre fondu 30g

作り方

1
Aの粉糖、薄力粉は合わせてふるい、アーモンドパウダーとともにボウルに入れて混ぜる。全卵、卵黄を加え、ハンドミキサーで白っぽくなるまで混ぜる。

2
別のボウルに卵白を泡立て、グラニュー糖を加えてツノが立つくらいのメレンゲを作る。

3
1に2を2回に分けて加え、そのつどヘラで手早く混ぜる。最後に溶かしバターを加えて混ぜる。

4
天板にベーキングペーパーを敷いてキャドルをのせ、3の生地を流し入れて表面を平らにならす。200℃に予熱したオーブンで10分ほど焼く。

Parfait au melon

メロンのパルフェ

材料　15cm四方のキャドル1台分

- メロン（赤肉）　melon 200g
- オレンジの表皮のすりおろし　zeste d'orange râpé 1/3個分
- メロンリキュール　extrait de melon ......適宜
- 板ゼラチン　gélatine en feuille 8g

A
- 卵黄　jaunes d'œufs 36g
- シロップ（グラニュー糖と水を1:1の割合で煮溶かし冷ましたもの）　sirop 1:1 ......48g
- ホワイトラム　rhum blanc 20g

- 生クリーム（38%）　crème liquide 38% MG 80g

作り方

1
メロンは皮と種を除いてざく切りにし、オレンジの表皮のすりおろしとともにハンドブレンダーにかけ、ピューレ状にする。味をみて必要ならメロンリキュールを加える。

2
板ゼラチンは氷水で戻して水気を絞り、耐熱ボウルに入れ、電子レンジか湯煎にかけて溶かす。

3
2に1を少量加えてなじませ、それを再び1に戻して全体を混ぜる。底を氷水に当て、固まる直前まで冷やす。

Parfait au melon parfumé aux agrumes

4

サバイヨンを作る。ボウルに**A**を合わせ、湯煎にかけながら泡立てる。60℃くらいまで温め、生地がとろっとしてきたら湯煎から外し、泡立て器で混ぜながら冷ます。

5

生クリームは八分立てにしてサバイヨンに加え、泡立て器で手早く混ぜる。それを**3**に加え、混ぜる。

6

15cm四方のキャドルに冷めたビスキュイ・ジョコンドを入れ、**5**を流し入れる。冷凍庫で冷やし固める。

Marmelade d'agrumes
柑橘のマルムラード

材料　作りやすい分量

柑橘（オレンジやレモンなど）のカルチエ quartier d'agrumes ……500g

グラニュー糖 sucre ……180g

A ｜ グラニュー糖 sucre ……30g
　　｜ ペクチンNH pectine NH ……8g

作り方

1

鍋に柑橘のカルチエ、グラニュー糖を入れて火にかける。全体量が2/3になるまで混ぜながら煮詰める。

2

Aは混ぜ合わせ、**1**に加えながらよく混ぜ、ひと煮立ちさせる。

3

ボウルなどに取り出して冷ます。

[組み立て・盛り付け]

材料　仕上げ用

メロン（赤肉・青肉） melon ……各適量
ホワイトチョコレートのプラケット・ショコラ（3.5×9cmの長方形） plaquette chocolat blanc ……1人分につき1枚
飴の飾り*1 décor en sucre …… 1人分につき1枚
柑橘の表皮のすりおろし zest d'agrumes râpés ……適量
金箔 feuille d'or ……適量

1 メロンは皮と種を取り除き、赤肉は削ぎ切りに、青肉は細長い乱切りにする。大きさは揃えつつ切り方を変え、見た目と食感に違いを出す。

2 メロンのパルフェはキャドルを外し、横半分、縦4等分にナイフを入れて8個の長方形に切り分ける。

3 盛り付け用の皿に5×9cmの長方形のシャブロン型*2を置いてパレットナイフでマルムラードをすり込み、型を外す。

4 プラケット・ショコラの表面に余ったパルフェを薄く塗り、1のメロンを見栄えよく盛る。

5 3の上に、2、4を重ねて置き、飴の飾りをかぶせる。柑橘の表皮のすりおろしをふり、飴の上にところどころ金箔を飾る。

*1 鍋にグラニュー糖と水飴を同量ずつ入れ、145℃になるまで煮詰める。シルパットの上にフォークなどで網目状に細く垂らし、固まったら8×11cmに切る。200℃のオーブンで温め、太めの麺棒などに当ててカーブをつける。

*2 薄いすりこみ型のこと。型抜きしづらいやわらかい生地などをすり込んで使う。

Parfait au melon parfumé aux agrumes

夏のフルーツ 6

桃
pêche

皮にまんべんなくうぶ毛が生えていて、皮全体が赤く色づき、甘い香りがするものが美味。果肉は枝についていた側よりも、お尻（頂上）のほうが甘味が強い。デリケートで傷つきやすいので扱いは丁寧に。茶色く変色しやすいので、皮をむく、切るといった下準備は手早く行う。ポシェやソルベなどに加工する時は、少量のアスコルビン酸（ビタミンCの粉末）を加えると、変色を防げる。

［出回り期］

1月 2月 3月 4月 5月 6月 7月 8月 9月 10月 11月 12月

Pêche Melba
à la verveine

ピーチメルバ、レモンバーベナの香り

フランスのデザートの定番、ピーチメルバ。現地でもよく食べたが、
納得のいく味を自分で作りたいと今回ルセットを出した。
桃のポシェ、バニラアイス、クレームシャンティという3つの主要パーツはそのままに、
レモンバーベナとロゼワインの香りを加えて大人の味わいに。
シンプルな構成だが、桃の美味しさが存分に味わえる贅沢なデザートだ。

Biscuit cuillère

ビスキュイ・キュイエール

材料　12人分

卵白　blancs d'œufs ……50g
グラニュー糖　sucre ……30g
卵黄　jaunes d'œufs ……28g

A ┃ 薄力粉　farine faible ……20g
　 ┃ コーンスターチ　fécule de maïs ……15g

作り方

1　ボウルに卵白、グラニュー糖の半量を入れ、ハンドミキサーで泡立てる。残りのグラニュー糖を加え、十分立てにする。

2　1に溶いた卵黄を加えて混ぜ、ふるったAを加えて切るように混ぜる。

3　天板にベーキングシートを敷く。8mmの丸口金をつけた絞り袋に2を入れ、内側から巻きながら直径4.5cmの円形に絞る。

4　170℃に予熱したオーブンで15〜20分焼き、天板を取り出してそのまま冷ます。

Pêche pochée

桃のポシェ

材料　4人分

A ┃ 水　eau ……250g
　 ┃ グラニュー糖　sucre ……90g
　 ┃ レッドカラント　groseille ……60g

レモンバーベナ（乾燥）　verveine séchée ……7g
アスコルビン酸*　acide ascorbique ……6g
桃　pêches ……2個

作り方

1　シロップを作る。鍋にAを入れて沸騰させ、ヘラで軽くつぶしながらレッドカラントの色を出す。火を止めてフタをし、10分ほど蒸らす。

2　ボウルに1を漉し入れ、漉し器に残ったレッドカラントとレモンバーベナをヘラで押してエキスを出す。底を氷水に当てて冷ます。

3　桃は皮を引っ張るようにしてむき、ぐるりと一周ナイフを入れ、実をひねって半分に割る。種の周りにナイフを入れて種を取り除く。

4　真空調理用の袋に、桃、冷ましたシロップを入れ、真空包装機でパック内の空気を抜く。

5　90℃のスチームオーブンで3〜5分加熱する。あまり火を通しすぎず、フレッシュの歯ごたえを残す。袋ごと氷水で冷やし、冷蔵庫で1日寝かせる。

*　ビタミンCの粉末。

Gelée au vin rosé
ロゼワインのジュレ

材料 8人分

A 桃のポシェで使ったシロップ〈P96参照〉
　　jus de pochage 240g
　　グラニュー糖 sucre 48g

板ゼラチン gélatine en feuille 8g
ロゼワイン vin rosé 240g

作り方

1 板ゼラチンは氷水で戻す。鍋にAを入れて温め、水気を絞ったゼラチンを加えて溶かす。

2 ボウルに移し、底を氷水に当てて冷やす。常温まで冷めたらロゼワインを加えて混ぜ、冷蔵庫で冷やし固める。

Crème glacée à la verveine
レモンバーベナのアイスクリーム

材料 30人分

A 牛乳 lait 300g
　　生クリーム(38%) crème liquide 38% MG 50g
　　レモンバーベナ(乾燥) verveine séchée 5g

卵黄 jaunes d'œufs 60g
グラニュー糖 sucre 75g

作り方

1 鍋にAを入れ、沸騰直前まで温める。

2 ボウルに卵黄とグラニュー糖を入れて泡立て器で混ぜる。Aを加えて混ぜ、鍋に戻して中火にかけ、混ぜながら83℃まで温める。

3 ボウルに移し、底を氷水に当てて混ぜながら冷やす。

4 漉し、アイスクリームマシンにかける。

Compoté de pêche
桃のコンポーテ

材料 8人分

桃 pêche 440g
A グラニュー糖 sucre 30g
　　バニラビーンズ(2番さや) gousse de vanille usée 2本
　　アスコルビン酸 acide ascorbique 1g
バター beurre 16g

作り方

1 桃は皮を引っ張るようにしてむき、ぐるりと一周ナイフを入れ、実をひねって半分に割る。種を除き、5mm角に切る。

2 鍋に、1、Aを入れ、桃に火が通るまで混ぜながら煮る。

3 桃が半透明になったら火から下ろし、バターを加えて混ぜ、乳化させる。底を氷水に当てて冷やす。

Pêche Melba à la verveine

Crème chantilly

クレームシャンティー

材料　作りやすい分量

生クリーム（35%）crème liquide 35% MG 200g
グラニュー糖 sucre 16g
バニラビーンズ gousse de vanille 1/6本分

作り方

1 すべての材料をボウルに入れ、八分立てにする。

〚 組み立て・盛り付け 〛

材料　仕上げ用

バニラビーンズ（2番さやを細長くカットしたもの）gousse de vanille ......適量
レッドカラント grosseille ......適量

1 直径10cmのマティーニグラスに桃のコンポートを入れてビスキュイ・キュイエールをのせ、小さめのアイスディッシャーですくったアイスをのせる。

2 桃のポシェを内側を下にして丸くかぶせ、アイスを完全に隠す。

3 ロゼワインのジュレを崩し、桃のポシェの周りに盛る。

4 星型の口金をつけた絞り袋で、ポシェの頂上にクレームシャンティーを絞る。

5 バニラのさやを飾り、レッドカラントを散らす。

Brioche perdue à la pêche

桃のブリオッシュペルデュ

フランスのレストランで働いていた時によく作った、
ブリオッシュを使ったパンペルデュ（フレンチトースト）がベース。
ブリオッシュのとろけるような食感とリッチな味わいが楽しめる。
キャラメリゼやソルベに使う桃は、皮つきのまま使用。
桃の皮と実の間に含まれている酸味や苦味も、味わいのひとつとして取り入れた。

Brioche perdue

ブリオッシュペルデュ

1. ブリオッシュ　Brioche

材料　縦7×横18×高さ6cmのパウンド型2本分

バター beurre ……200g

A
- 薄力粉 farine faible ……150g
- 強力粉 farine forte ……100g
- 全卵 œufs ……180g
- 塩 sel ……5g
- グラニュー糖 sucre ……30g
- 生イースト levure boulanger ……10g

打ち粉（強力粉）farine forte ……適量
スプレーオイル huile ……適量

作り方

1　バターは2cm角の角切りにして冷蔵庫で冷やしておく。

2　製菓用ミキサーのボウルに**A**を入れ*、フックをつけて低速で回す。途中、フックの周りについた生地をカードで落としながら、グルテンが出るまで10分ほどこねる。

3　2にバターを手で潰しながら少しずつ加え、そのつどムラなく混ぜる。すべて混ざったらバットに移し、ラップをして冷蔵庫で1時間ほど休ませる。

4　作業台に打ち粉をし、生地をカードで8等分し、約80gずつのかたまりに分割して丸める。

5　パウンド型の内側にスプレーオイルを吹き付け、**4**の生地を4個ずつ入れる。手で上から軽く押し、隙間がなくなるように密着させる。

6　ラップをして28～30℃くらいの温かいところに1時間ほどおき、2倍の大きさに膨らむまで発酵させる。

7　160℃に予熱したオーブンで40分ほど焼く。型から取り出して冷まし、ラップをして冷蔵庫で一晩おく。

8　一晩おいたブリオッシュを2.5cm角に切り、軽くトーストする。

＊　塩とイーストは直に触れると生地が膨らまなくなるので、塩を他の粉で隠しておく。

2. アパレイユ　Appareil

材料　ブリオッシュ1本分

牛乳 lait ……180g
生クリーム（38%）crème liquide 38% MG ……30g
全卵 œufs ……55g
卵黄 jaunes d'œufs ……30g
グラニュー糖 sucre ……60g
バニラビーンズ gousse de vanille ……1/4本

作り方

1　ボウルにすべての材料を入れて泡立て器で混ぜ、漉す。

3. 仕上げ

材料 作りやすい分量

バター beurre ……適量

1 アパレイユをバットに入れて、ブリオッシュを浸し、全面を転がしながら中心まで吸わせる。

2 フライパンにバターを熱して焦がしバターにし、3を入れて全面に焼き色をつける。

Sorbet aux pêches
桃のソルベ

材料 10人分

A│ 水 eau ……80g
 │ グラニュー糖 sucre ……60g
 │ 水飴 glucose ……18g
 │ フランボワーズ framboise ……30g
 │ アスコルビン酸 acide ascorbique ……6g

桃 pêche ……420g
桃のリキュール crème de pêche ……20g

作り方

1 鍋にAを入れて沸騰させ、ボウルに移し、底を氷水で冷やす。

2 桃は皮つきのままくし形に切る。

3 1、2、桃のリキュールを合わせ、ハンドブレンダーで撹拌する。

4 ボウルに漉し入れ、アイスクリームマシンにかける。

Mousse au mascarpone
マスカルポーネのムース

材料 10人分

卵白 blancs d'œufs ……30g

A│ 水 eau ……10g
 │ グラニュー糖 sucre ……30g

板ゼラチン gélatine en feuille ……3g

B│ マスカルポーネ mascarpone ……200g
 │ 生クリーム(35%) crème liquide 35% MG ……100g

作り方

1 イタリアンメレンゲを作る。ボウルに卵白を入れてハンドミキサーで泡立てる。鍋にAを入れて118℃まで煮詰め、ボウルのふちから卵白に少しずつ加えながら混ぜる。かたく泡立ったら冷蔵か冷凍で冷やす。

2 板ゼラチンは氷水で戻して水気を絞り、耐熱ボウルに入れ、電子レンジか湯煎にかけて溶かす。別のボウルにBを入れて立て、溶かしたゼラチンと合わせる。

3 2にイタリアンメレンゲを加えて手早く混ぜる。冷蔵庫で冷やし固める。

Pêche caramélisée

桃のキャラメリゼ

材料　6人分

桃　pêche ……2個
グラニュー糖　sucre ……30g
バター　beurre ……10g
ブランデー　brandy ……5g

作り方

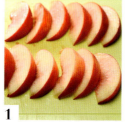

1 桃は皮つきのままぐるりと一周ナイフを入れ、実をひねって半分に割る。種を取り除き、8〜10等分のくし形に切る。

2 フライパンにグラニュー糖をふり入れて火にかけ、キャラメル色になったらバターを加えて溶かす。

3 桃を入れ、皮がむけないうちに手早くキャラメルをからませ、ブランデーを加えてフランベする。

〚 組み立て・盛り付け 〛

材料　仕上げ用

フランボワーズ　framboise ……適量
レッドカラント　groseille ……適量
粉糖　sucre glace ……適量

1 盛り付け用の皿にブリオッシュペルデュ*と桃のキャラメリゼを盛る。この後、上にのせるソルベが安定するようにバランスをみて盛り付ける。

2 マスカルポーネのムースを2カ所に絞り、フランボワーズとレッドカラントを散らす。フライパンに残ったキャラメリゼのソースで周りに円を描く。

3 クネルにとった桃のソルベをのせ、粉糖をふる。

* ブリオッシュペルデュが冷めている場合は、オーブンで軽く温めてから盛り付ける。

ヘタの切り口に白い液がついているものが新鮮。お尻が裂けかけていれば完熟で、完全に避けてしまったものは熟しすぎ。日本では希少な「黒イチジク」は、小粒だが、皮がやわらかい上に甘味も強く、デザート作りに向く品種なので、手に入るようであればぜひ。なお、イチジクにはタンパク質分解酵素が含まれ、フレッシュの状態ではゼラチンが固まらないので注意。ゼラチンを使う場合は一度、加熱処理してから。

［出回り期］
1月 2月 3月 4月 5月 6月 7月 8月 9月 10月 11月 12月

夏のフルーツ 7

イチジク
figue

Beignet aux figues

イチジクのベニエ

ベニエはテイクアウト用の揚げ菓子で、フランスでは持ちがいいように
リンゴやバナナといった水分が少ないフルーツを使うのが一般的だが、
今回はみずみずしいイチジクを使ってレストランデザートに仕立てた。
中まで火を通さず、衣が色付けば揚げ上がり。
フレッシュのイチジクの軽さと、アングレーズソースやアイスの適度な重さが好適だ。

Beignet aux figues

イチジクのベニエ

材料　8人分

A
- 薄力粉 farine faible ……48g
- 塩 sel ……1g
- ドライイースト levure sechée ……1g
- ビール bierre ……12g
- ピーナッツオイル huile d'arachide ……15g
- 全卵 œufs ……15g
- バニラエッセンス extrait de vanille ……少々
- 水 eau ……30g

B
- 卵白 blancs d'œufs ……20g
- グラニュー糖 sucre ……8g

- イチジク figues ……4個
- 揚げ油 huile ……適量

作り方

1
ベニエ生地を作る。**A**の薄力粉はふるい、塩、ドライイーストとともにボウルに入れて軽く混ぜる。そのほかの**A**の材料をすべて加え、泡立て器で軽くグルテンが出るまで混ぜる。

2
ラップをし、常温に1時間ほどおいて発酵させる。

3
別のボウルに**B**を入れて軽くツノが立つまで泡立て、**2**に加えてゴムヘラで混ぜる。これでベニエ生地の完成。

4
皿盛りの直前に揚げる。イチジクは半分に切ってベニエ生地にくぐらせ、180〜190℃の揚げ油に入れる。すぐに菜箸などで転がし、衣がこんがりするまで揚げ、油をきる。

Crumble aux épices

スパイスのクランブル

材料　作りやすい分量

- バター beurre ……20g
- 粉糖 sucre glace ……20g
- アーモンドパウダー poudre d'amande ……20g
- 薄力粉 farine faible ……10g
- ライ麦粉 farine de seigle ……10g
- シナモンパウダー poudre de cannelle ……0.2g
- キャトルエピス* quatre épices ……0.2g

*　黒胡椒、ナツメグ、クローブ、シナモンの4種を合わせた混合香辛料。シナモンの代わりに生姜が入ることもある。

作り方

1
ボウルに室温に戻したバターを入れ、ヘラで混ぜてポマード状にする。そのほかの全ての材料を順に加え、粉っぽさがなくなるまでよく混ぜる。

2
カードでざっとひとまとめにし、ラップをして、冷蔵庫で固くなるまで冷やす。

3
粗めの網で**2**を削り、ベーキングシートを敷いた天板に広げる。そのまま15分ほどおいて乾燥させる。

4
160℃に予熱したオーブンで約15分焼く。天板を取り出してそのまま冷まし、手でほぐす。

Anglaise aux fruits secs

ドライフルーツのアングレーズソース

材料　作りやすい分量

A｜牛乳 lait ……200g
　｜生クリーム(40%) crème liquide 40% MG ….60g
　｜バニラビーンズ gousse de vanille ……1/8本分

卵黄 jaunes d'œufs ……50g
シナモンパウダー poudre de cannelle ……1g
ドライアプリコット abricot sec ……15g
セミドライイチジク figue demi-sechée ……40g

作り方

1 鍋にAを入れ、沸騰直前まで温める。

2 ボウルに卵黄とシナモンパウダーを入れて混ぜ、Aの半量を加えて混ぜる。それを鍋に戻し、全体を混ぜながら83℃まで温める。

3 2にドライアプリコット、セミドライイチジクを加え、ハンドブレンダーで細かく砕く。

4 ボウルに3を漉し入れ、底を氷水に当てて冷やす。冷蔵庫で保存する。

Crème glacée aux épices

スパイスのアイスクリーム

材料　10人分

A｜牛乳 lait ……250g
　｜生クリーム(38%) crème liquide 38% MG ……65g

B｜卵黄 jaunes d'œufs ……70g
　｜グラニュー糖 sucre ……35g
　｜ハチミツ miel ……15g
　｜シナモンパウダー poudre de cannelle ……2g
　｜キャトルエピス quatre épice ……3g

クレーム・ドゥーブル* crème double ……60g

＊　生クリームを乳酸発酵させたもの。乳脂肪分が高く、濃厚なコクがある。

作り方

1 鍋にAを入れ、沸騰直前まで温める。

2 ボウルにBを入れて泡立て器で混ぜ、Aの半量を加えて混ぜる。それを鍋に戻し、全体を混ぜながら83℃まで温める。

3 ボウルに2を移し、底を氷水に当てて粗熱を取る。クレーム・ドゥーブルを加えてハンドブレンダーで混ぜ、さらに冷やしてアイスクリームマシンにかける。

〘 組み立て・盛り付け 〙

材料　仕上げ用

イチジク figue 1人分につき約1/2個
オレンジ orange ......適量
粉糖 sucre glace ......適量

1　イチジクは八つ割りにしてからナイフを寝かせて薄く皮をむき、さらに厚みを3等分して薄いくし形にする。オレンジはカルチェにして半分に切る。

2　盛り付け用の皿に直径8cmのセルクルを置き、**1**のイチジクを放射状に並べる。中央にオレンジを入れる。

3　揚げたイチジクのベニエを半分に切り、**2**の上に盛り、セルクルを外す。

4　アングレーズソースを皿のあいたところにところどころ丸く敷き、クランブルを3カ所に散らして粉糖をふる。

5　ガラスのカップにもクランブルを敷いてアイスをクネルにとって入れ、皿に添える。

Cannoli aux figues

イチジクのカンノーリ

今までに作ったことがないものを、とイタリアはシチリア名物のカンノーリにトライ。
中のリコッタクリームは、イチジクのマルムラード入り。
これを盛り付けの直前に、揚げたカンノーリ生地の中に詰める。
生地のサクサクした食感と、クリームの適度な塩気が魅力だ。
マルサラワインの代わりに、イチジクと相性のいい赤ワインのソースを敷いた。

Pâte à cannoli

カンノーリ生地

材料 5人分

バター beurre 20g

A | 薄力粉 farine 75g
　| カカオパウダー poudre de cacao 2g
　| 塩 sel 0.5g
　| グラニュー糖 sucre 2g

卵白 blancs d'œufs 15g

ブランデー brandy 5g

揚げ油 huile ......適量

作り方

1
バターは角切りにしてボウルに入れ、室温に戻す。ふるったAをすべて加えてカードでざっと混ぜ、卵白とブランデーを加えて手でこねる。

2
生地をひとまとめにして平たい四角形に形を整え、ラップで包んで常温で30分ほど休ませる。

3
ベーキングペーパー2枚で生地をはさんで麺棒で2mm厚さに伸ばし、6cm角の正方形に切る。

4
3をひし形になるように置き、上下の角を麺棒で伸ばす。

5
直径2.5×長さ13.5cmのコルネ用の円筒に生地を巻き付け、麺棒で伸ばした部分を重ねて卵白（分量外）で接着させる。

6
揚げ油を180℃に熱し、5を円筒ごと入れる。途中、円筒が外れたら取り出し、音が小さくなるまで揚げ、油をきる。

Cannoli aux figues

Crème ricotta aux figues

イチジクのリコッタクリーム

材料　5人分

A	イチジク figue 70g		リコッタチーズ ricotta 125g
	グラニュー糖 sucre 15g	**B**	セミドライイチジク figue demi-sechée 15g
	レモン汁 jus de citron 5g		ドライクランベリー airelle sechée 8g
	バニラビーンズ（2番さや）		ブラックチョコレート chocolat noir 8g
	gousse de vanille usée 1本		生クリーム（35％）crème liquide 35% MG 50g

作り方

1 Aでマルムラードを作る。イチジクは皮をむいて1cm角に切り、ほかの材料とともに鍋に入れて火にかけ、混ぜながら煮る。

2 水分が飛んでパチパチと音がしてきたら、バットに広げて冷ます。

3 ボウルにリコッタチーズ、バニラのさやを除いた2を入れてゴムべらで手早く混ぜ合わせ、細かく刻んだBを加える。

4 別のボウルに生クリームを入れて、3と同じくらいのかたさに泡立て、3に加えてさっくり混ぜる。

Sorbet aux figues

イチジクのソルベ

材料　6人分

イチジク figue 150g		オレンジの表皮のすりおろし
セミドライイチジク figue demi-sechée 45g		zeste d'orange râpé 1/2個分
A 赤ワイン vin rouge 80g		水 eau 50g
フランボワーズピューレ		グラニュー糖 sucre 40g
purée de framboise 16g		ハチミツ miel 14g

作り方

1 イチジクは皮をむいてざく切りにする。セミドライイチジクは半分に切る。Aは合わせておく。

2 鍋にグラニュー糖をふり入れて火にかけ、キャラメル色になったらAを加える。イチジク、セミドライイチジクを加えてひと煮立ちさせる。

3 2をハンドブレンダーでなめらかになるまで撹拌し、ハチミツを加えて混ぜる。

4 ボウルに移して底を氷水に当てて冷やし、アイスクリームマシンにかける。

110　｜　イチジクのカンノーリ

Sauce au vin rouge

赤ワインのソース

材料　作りやすい分量

グラニュー糖 sucre ……20g

A｜赤ワイン vin rouge ……50g
　｜オレンジジュース（100%）jus d'orange ……12g

作り方

1 フライパンにグラニュー糖をふり入れて火にかける。

2 キャラメル色になったら、**A**を加えて溶きのばし、とろみがつくまで煮詰める。

〚 組み立て・盛り付け 〛

材料　仕上げ用

イチジク figue ……適量

フランボワーズ framboise ……適量

粉糖 sucre glace ……適量

1 イチジクは六つ割りにして皮を除く。

2 カンノーリの中にリコッタクリームを絞り入れる。盛り付け用の皿にもリコッタクリームを少量絞って滑り止めにし、カンノーリを盛る。

3 皿のあいたところに赤ワインのソースで線やドットを描く。ソルベの滑り止め用に、余ったカンノーリを崩して少量盛る。

4 1のイチジクとフランボワーズを飾り、粉糖をふる。崩したカンノーリの上に、クネルにとったソルベを盛る。

夏のフルーツ 8

スイカ

pastèque

最も甘味を感じるのは15℃前後。冷やしすぎて甘味が落ちないよう、丸ごとなら2時間半前、四つ割りなら1時間半前ほど前に冷蔵庫へ入れるとよい。最も甘いのは中心部で、皮に近づくほど甘味が落ちる。スイカのようなウリ科のフルーツは、火を通すとウリそのものの味になってしまう。それをどうクリアするかが工夫のしどころだ。

[出回り期]
1月 2月 3月 4月 5月 6月 7月 8月 9月 10月 11月 12月

Pastèque caramélisée accompagné de sorbet balsamique / fraise

スイカのキャラメリゼ、
バルサミコとイチゴのソルベと共に

スイカは火を入れると味が落ちるので、フレッシュのおいしさを生かしたパーツを作り、イチゴやオレンジ、バルサミコ酢で風味をつけた。分厚く切ったスイカは中まで火を通さず、キャラメルをさっとからませただけのシンプルな調理。ジュレやソルベとの食感の違いでスイカを楽しむ、さっぱり系デザートだ。

Pastèque caramélisée
スイカのキャラメリゼ

材料　6人分

スイカ（8等分のくし形に切ってから2.5cm厚さに切ったもの）pastèque ……6切れ
グラニュー糖 sucre ……30g

作り方

1 スイカは皮を取り除き、6〜7cm大の三角形にサイズを整え、楊枝などでなるべく種を取り除く。

2 フライパンにグラニュー糖をふり入れて火にかける。薄いキャラメル色になったらスイカを入れ、両面に手早くキャラメルをからませる。

3 ベーキングペーパーを敷いたバットに取り出し、冷蔵庫で冷やす。

Gelée de pastèque
スイカのジュレ

材料　4〜5人分

スイカ pastèque ……200g
オレンジジュース（100%）jus d'orange ……20g
グラニュー糖 sucre ……適宜
板ゼラチン gélatine en feuille ……全体量の2.5%

作り方

1 スイカは皮と種を取り除いてオレンジジュースを加え、ハンドブレンダーで攪拌してピューレにする。味をみて必要ならグラニュー糖を加える。

2 1の全体量から板ゼラチンを計量し、氷水で戻す。水気を絞って耐熱ボウルに入れ、湯煎か電子レンジにかけて溶かす。

3 溶かしたゼラチンに1を少しずつ加えて混ぜ合わせる。

4 ボウルの底を氷水に当ててとろみがつくまで冷やし、バットに流して冷蔵庫で冷やし固める。

Sorbet balsamique / fraise

バルサミコとイチゴのソルベ

材料　6人分

イチゴ　fraise ……60g

グラニュー糖　sucre ……60g

バルサミコ酢　vinaigre de balsamique ……20g

水　eau ……180g

水飴　glucose ……25g

作り方

1
イチゴはヘタを取る。フライパンにグラニュー糖をふり入れて火にかけ、キャラメル色になったら、イチゴとバルサミコ酢を入れてからめる。

2
水と水飴を加え、混ぜながらキャラメルを溶かし、ひと煮立ちさせる。

3
火から下ろし、ハンドブレンダーで撹拌する。ボウルに移して底を氷水に当てて冷やし、アイスクリームマシンにかける。

Mariné de fruits

フルーツのマリネ

材料　4〜5人分

スイカ（4等分のくし形に切ってから2cm厚さに切ったもの）pastèque ……1切れ

イチゴ　fraises ……6個

オレンジ　orange ……1個

カソナード　cassonade ……15g

ミントの葉（大）feuille de menthe ……5枚

作り方

1
スイカは皮と種を取り除き、2cm角に切る。イチゴはヘタを取って四つ割りにする。オレンジはカルチェにしてイチゴと同じ大きさに切り、果汁も取っておく。ミントの葉はせん切りにする。

2
ボウルに1をすべて入れてカソナードをふり、カソナードが溶けるまでスプーンであえる。

〖 組み立て・盛り付け 〗

材料 仕上げ用

ミントの葉 feuille de menthe ……適量

1 ジュレは1cm角に切り、盛り付け用の皿に敷く。その上にスイカのキャラメリゼを置く。

2 1の上にフルーツのマリネを盛る。

3 クネルにとったソルベをのせ、ミントの葉を飾る。

柿
巨峰
和梨
和栗
ナッツ類

chapitre 3

［秋のフルーツ］
automne

実りの秋は、巨峰や柿、和梨、和栗といった
日本生まれのフルーツが多く楽しめる季節。
ナッツ類もフルーツに分類され、
秋になると国内外でピーナッツやヘーゼルナッツなどが収穫される。

秋のフルーツ 1

柿
kaki

柿は常温におくと2日ほどでやわらかくなり、さらに完熟に向かう。通常のかたいものはもちろん、とろとろの熟柿も、そのままピューレなどにしてさまざまなパーツに応用できる。熟すのを遅らせるには、濡らしたティッシュをヘタに当て、逆さにして冷蔵庫で保存するとよい。選ぶ時は、ヘタが緑色で、果実に張り付いているものを。

［出回り期］
1月 2月 3月 4月 5月 6月 7月 8月 9月 10月 11月 12月

Île flottante au kaki

柿のイル・フロタント

まず、和の食材つながりで柿とわらび餅を使おうと決め、
「浮き島」を意味するフランスの定番デザート、イル・フロタントにアレンジ。
別添えのアングレーズソースと紅茶のソルベを合わせて、
ミルクティーのような味わいに。メレンゲは電子レンジで作る手軽なバージョン。
目を離さずに加熱し、一瞬ふわっと膨らんだら出来上がりだ。

Poché de kaki

柿のポシェ

材料　5人分

柿 Kaki ……1個

A　グラニュー糖 sucre ……20g
　　水 eau ……50g
　　レモン汁 jus de citron ……8g

作り方

1 柿は皮をむいて16等分のくし形切りにし、中心のわた状の部分を切り落とす。

2 鍋にAを入れ、80℃ほどまで温めてから火を止め、柿を入れて落しぶたをする*。途中で一度返し、常温まで冷めたら冷蔵庫で保存する。

* 真空調理してもよい。専用の袋に入れて真空包装機で空気を抜き、60℃のスチームオーブンで10分加熱する。

Boule de warabi

柿のわらび餅

材料　5〜6人分

熟柿（種なし）kaki mûr ……75g
グラニュー糖 sucre ……15g
水 eau ……16g

A　わらび粉 poudre de warabi ……20g
　　水 eau ……20g

作り方

1 熟柿は皮から実をこそげ取り、鍋に入れてハンドブレンダーにかけ、ピューレにする。一度、煮立ててから粗熱を取り、グラニュー糖と水を加えてよく混ぜる。

2 ボウルにAを入れてよく混ぜ、1に加えて混ぜ合わせる。再び火にかけ、ゴムべらなどで絶えず練りながら、透明になるまで1〜2分炊く。

3 バットに移してそのまま冷やし、1.5cm角に切る。

柿のイル・フロタント

Sorbet au thé

紅茶のソルベ

材料 8人分

水 eau ……250g
アッサム紅茶の茶葉 thé assam ……5g
グラニュー糖 sucre ……30g
水飴 glucose ……20g

作り方

1 鍋にすべての材料を入れて沸騰させる。火を止め、ふたをして15分おく。

2 ボウルに漉し入れ、底を氷水に当てて冷ます。アイスクリームマシンにかける。

Sauce anglaise

アングレーズソース

材料 6〜7人分

A | 牛乳 lait ……160g
　　| 生クリーム(47%) crème liquide 47% MG ……30g
　　| バニラビーンズ gousse de vanille ……1/8本

卵黄 jaunes d'œufs ……30g
グラニュー糖 sucre ……28g

作り方

1 鍋に**A**を入れ、沸騰直前まで温める。

2 ボウルに卵黄を入れてほぐし、グラニュー糖を加えて泡立て器で混ぜる。**A**を加えて混ぜ、鍋に戻して中火にかけ、混ぜながら83℃まで温める。

3 ボウルに漉し入れ、底を氷水に当てて混ぜながら冷やす。

Meringues

メレンゲ

材料　6〜7個分

卵白 blancs d'œufs 40g
塩 sel 0.4g
グラニュー糖 sucre 20g
ブランデー brandy 4g

作り方

1 ボウルに卵白と塩を入れ、ハンドミキサーにかけて軽く泡立てる。グラニュー糖を半量ずつ加えてそのつど混ぜ、八分立てにする。ブランデーを加えてさらに混ぜ、固く泡立てる。

2 薄いまな板などの上にベーキングペーパーを敷き、**1**を大きめのスプーンですくって間隔をあけてのせる。

3 電子レンジに、小さめの耐熱容器に入れた水*と、**2**をまな板ごと入れ、1000Wで10秒加熱する。前後を入れ替え、様子をみながら数秒ずつ加熱し、一瞬、ふわっと膨らんだら取り出す。

4 そのまま粗熱を取り、冷蔵庫で冷やす。

*　スチームの役割を果たす。

〚 組み立て・盛り付け 〛

材料　仕上げ用

スライスアーモンド（ローストしたもの） amandes effilées grillées ......適量
キャラメル* caramel ......適量

*　鍋に水とグラニュー糖を適量ずつ入れ、薄い茶色に色づくまで混ぜながら煮詰めたもの。

1 別添え用のガラスのカップにアングレーズソースを40g入れておく。盛り付け皿（深みのあるもの）に、柿のポシェ3切れを皿のカーブに沿って並べる。中央に柿のわらび餅を3〜4個のせる。

2 わらび餅の上に、小さめのクネルにとった紅茶のソルベを盛る。スライスアーモンドを4〜5枚のせ、メレンゲを盛る。

3 キャラメルをフォークなどで細くたらしかけ、スライスアーモンドを飾る。**1**のアングレーズソースを添える。

Rôti de kaki et Sorbet napolitaine

柿のロースト、ナポリテーヌソルベ

柿のローストは、ある時代小説で読んだ、柿を焼く描写からヒントを得た。
長く焼くほど実がやわらかくなるので、好みの状態に仕上げる。
柿のやさしい食味を生かすことを第一に考え、風味が強すぎず、
それでいてアクセントにもなるライムのムースを合わせ、
仕上げに塩を利かせたソルベを添えて、柿の甘味を引き立てた。

Sauce au kaki

柿のソース

材料　10人分

熟柿 kaki mûr ……120g
柿（かためのもの） kaki dur ……60g
バニラビーンズ gousse de vanille ……1/6本
レモン汁 jus de citron ……5g
グラニュー糖 sucre ……10g
ブランデー brandy ……8g

作り方

1
熟柿とかための柿はヘタと皮を除き、熟柿はピューレ状にし、かための柿は5mm角に切る。

2
鍋にすべての材料を入れて火にかけ、全体の色がやや濃くなるまで混ぜながら煮る。そのまま冷まし、冷蔵庫で冷やす。

Nougatine

ヌガティーヌ

材料　作りやすい分量

A ｜ バター beurre ……15g
　　グラニュー糖 sucre ……15g
　　水飴 glucose ……15g
　　生クリーム（38%） crème liquide 38% MG ……8g
アーモンド（粗く刻んだもの） amandes hachées ……50g

作り方

1
鍋にAを入れて煮立たせ、アーモンドを加えて混ぜる。

2
天板に流し、170℃に予熱したオーブンで10〜15分焼く。

3
3cm大の三角形に切り分け、温かいうちに手で曲げてカーブをつくる。

Sorbet napolitaine au kaki et vanille

バニラと柿のナポリテーヌソルベ

材料　作りやすい分量

A 牛乳 lait ……200g
　 水飴 glucose ……70g
　 フルール・ド・セル* fleur de sel ……1.5g
　 バニラビーンズ gousse de vanille ……1/4本分

コンデンスミルク（加糖） lait concentré ……50g
生クリーム（38%） crème liquide 38% MG ……50g
柿のソース〈P124参照〉 sauce au kaki ……適量

＊　良質の塩田から採れる大粒の天日塩。フランス語で"塩の花"を意味する。

作り方

1 鍋にAを入れて沸騰させ、ボウルに移し、底を氷水に当てて冷やす。コンデンスミルク、生クリームを加え、アイスクリームマシンにかける。

2 出来上がったソルベと、柿のソースを3～4回ずつ交互に重ね、層を作る。冷凍庫で保存する。

Mousse au ctron vert

ライムのムース

材料　作りやすい分量

ライム果汁 jus de citron vert ……120g
グラニュー糖 sucre ……20g
板ゼラチン gélatine en feuilles ……3g

A 卵白 blancs d'œufs ……30g
　 水 eau ……10g
　 グラニュー糖 sucre ……20g

生クリーム（35%） crème liquide 38% MG ……75g
ライムの表皮のすりおろし zest de citron vert râpé ……1/4個分

作り方

1 板ゼラチンは氷水で戻す。鍋に、ライム果汁の半量、グラニュー糖を入れて50℃ほどまで温め、水気を絞ったゼラチンを加えて溶かす。

2 ボウルに移し、底を氷水で当てて冷やす。ゼラチンが固まる前に、残りのライム果汁を加える。

3 Aでイタリアンメレンゲを作る。ボウルに卵白を入れて泡立てる。鍋に水とグラニュー糖を入れて118℃まで煮詰め、ボウルのふちから卵白に少しずつ加えながら混ぜる。かたく泡立ったら冷蔵もしくは冷凍で冷やす。

4 生クリームは六分立てにし、イタリアンメレンゲを2回に分けて加え、そのつど泡立て器で泡をつぶさないように手早く混ぜる。

5 4を2に少しずつ加えて混ぜ、ライムの皮をすって加える。バットに移して冷蔵庫で冷やし固める。

Rôti de kaki

柿のロースト

材料　4人分

柿（かためのもの）kaki dur ……1個

作り方

1 柿を丸ごとヘタを下にして天板にのせ、180℃に予熱したオーブンで20〜25分焼く。

2 触ってみて熟した柿のようにやわらかくなったら（もしくは皮が割れたら）取り出し、余熱で火を通す。

〖 組み立て・盛り付け 〗

材料　仕上げ用

柿（かためのもの）kaki dur ……適量
ライムの表皮のすりおろし zeste de citron vert râpé ……適量
粉糖 sucre glace ……適量

1 絞り袋に1.1cmの丸口金をつけてライムのムースを入れ、冷蔵庫で冷やしておく。皿に直接ムースを絞り出すため、皿と手の熱でムースがだれるのを防ぐ。

2 盛り付け用の皿に、ヌガティーヌを崩して小さく盛り、ソルベの滑り止めにする。ライムのムースを10cmほど直線に絞り出す。

3 ライムのムースの上に、ヌガティーヌ、小さく切った柿を飾る。ライムの表皮のすりおろしをふる。

4 柿のローストはヘタを取って12等分のくし形切りにし、皮と種を除く。ムースの手前に5切れ並べ、温めた柿のソースをかける。

5 クネルにとったナポリテーヌソルベを、2のヌガティーヌの上に盛る。粉糖をふる。

生食では皮をむいて食べるのが一般的だが、デザート作りでは皮ごと使うと酸味や渋味が加わって奥行きのある味になり、また、見た目も巨峰らしく仕上がる。表面がブルームと呼ばれる白い粉に覆われ、軸が緑色で粒落ちしていないものが新鮮。日に当たりやすい房の上のほうや、粒の間に適度な隙間があるものが甘い。

秋のフルーツ 2

巨峰
raisin noir

［出回り期］
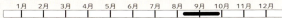

Pannacotta au yaourt et raisin noir

ヨーグルトのパンナコッタ、巨峰を添えて

フレッシュからコンフィチュール、ソルベ、マリネまで、
多彩にアレンジした巨峰のパーツで、
デザートの盛り合わせを作った。
まず、相性のよい巨峰とヨーグルトのコンビでパンナコッタを。
赤ワインビネガーのドレッシングから着想を得た
巨峰のマリネは、キリッとした酸味で箸休め的な存在。
コンフィチュールやソルベは
少量のオレンジを加えて風味をつけた。

Pannacotta au yaourt
ヨーグルトのパンナコッタ

材料　高さ12cmのカクテルグラス4個分

A ｜ 生クリーム（38％） crème liquide 38% MG ……100g
　　｜ カソナード cassonade ……40g
板ゼラチン gélatine en feuilles ……5g
ヨーグルト yaourt ……210g

作り方

1
板ゼラチンは氷水で戻す。鍋にAを入れ、40〜50℃に温めて*カソナードを溶かし、水気を絞ったゼラチンを加えて溶かす。

2
ボウルに濾し入れ、底を氷水に当てて常温まで冷ます。この時、冷やしすぎて固まらないように気をつける。

3
ヨーグルトを加え、底を冷やしながらよく混ぜる。適度にとろみがついたら高さ12cmのカクテルグラスに80gずつ入れ、冷蔵庫で冷やし固める。

＊ 沸騰させるとゼラチンが固まらなくなる場合があるので注意。

Mariné de raisin noir
巨峰のマリネ

材料　4〜5人分

種なし巨峰 raisin noir ……10個
A ｜ シロップ（グラニュー糖と水を1:2の割合で煮溶かし冷ましたもの） sirop ……45g
　　｜ 白ワインビネガー vinaigre de vin blanc ……22g
　　｜ エクストラヴァージンオリーブオイル huile d'olive vierge extra ……15g
　　｜ 黒胡椒（粗挽き） poivre noir mignonnette ……0.5g

作り方

1
巨峰は皮ごと半分に切る。Aは混ぜ合わせる。

2
真空調理用の袋に、巨峰とAを入れ、真空包装機でパック内の空気を抜く。60℃のスチームオーブンで約6分加熱する＊。

3
2を袋ごと冷やし、冷蔵庫一晩寝かせる。

＊ レンジ加熱してもよい。耐熱容器に巨峰とAを入れ、空気に触れないようにラップで落しぶたをし、電子レンジで半透明になるまで加熱してそのまま冷ます。

Pannacotta au yaourt et raisin noir ｜ 129

Comfiture de raisin noir
巨峰のコンフィチュール

材料　作りやすい分量

巨峰 raisin noir 180g
グラニュー糖 sucre 90g
オレンジの表皮のすりおろし zeste d'orange râpé 1/8個分
レモン汁 jus de citron 15g
黒胡椒（粗挽き）poivre noir mignonnette 0.1g

作り方

1 巨峰は皮ごと半分に切って種を除き、5mm角に切る。

2 鍋にすべての材料を入れて火にかけ、混ぜながら煮詰める。程よいとろみがついたら、氷水で冷やす。

Sorbet au raisin noir
巨峰のソルベ

材料　8〜10皿分

巨峰 raisin noir 240g
グラニュー糖 sucre 30g
オレンジの表皮のすりおろし zeste d'orange râpé 1/2個分
グレープジュース jus de raisin 100g
レモン汁 jus de citron 12g
オレンジジュース jus d'orange 8g

作り方

1 巨峰は皮ごと半分に切って種を除き、グラニュー糖とともにミキサーにかける。

2 1とその他の材料を混ぜ、アイスクリームマシンにかける。

Meringues

メレンゲ

材料　作りやすい分量

卵白 blancs d'œufs 30g
グラニュー糖 sucre 30g
粉糖 sucre glace 30g
オイルスプレー huile ......適量

作り方

1
ボウルに卵白を入れて軽めに泡立てる。グラニュー糖を2〜3回に分けて加え、ツノがピンと立つまで泡立てる。表面がマットな状態でとどめること。

2
ふるった粉糖を加えながら、ヘラで手早く混ぜる。粉糖を入れることできめが細かくなり、だれなくなる。

3
ベーキングペーパーの上に、2〜3mm厚さで4cm大のひし形のシャブロン型を置き、パレットナイフで**2**を敷き詰め、型を外す。直径2.5×長さ13.5cmのコルネ用の円筒にオイルスプレーを吹き付けてから、ペーパーごと巻き付け、輪ゴムや針金でとめる。

4
100℃のオーブンで2時間ほど乾燥焼きにする。円筒から外し、冷ます。

〖 組み立て・盛り付け 〗

材料　仕上げ用

巨峰 raisin noir ......適量
クランブル crumble ......適量
金箔 feuille d'or ......適量

1 巨峰のマリネを別添え用の器に入れる。

2 カクテルグラスに入れて冷やしたパンナコッタの上に、巨峰のコンフィチュールを薄くのせ、半分に切って種を除いた巨峰を放射状に並べる。

3 盛り付け用の皿に滑り止め用のクランブルを敷き、クネルにとった巨峰のソルベをのせる。**2**の上にメレンゲをのせ、金箔を飾る。

Pannacotta au yaourt et raisin noir

Crumble aux raisins noirs et crème glacée à la cannelle

巨峰のクランブル、シナモンのアイスクリーム添え

赤ワインにオレンジやシナモンなどを漬けたドリンク「サングリア」が発想の源。
まず、レーズンをサングリアでマリネし、レーズンはフランジパンヌに、
残った液体は、巨峰のポワレや仕上げのソースに活用して、全体に統一感のある味に。
ほかのパーツがしっかり甘いので、巨峰のマルムラードにはあえて糖分を加えていない。

Crumble

クランブル

材料 6人分

バター beurre 35g
粉糖 sucre glace 35g
アーモンドパウダー poudre d'amande 35g
薄力粉 farine faible 35g

作り方

1
ボウルに常温に戻したバターを入れ、ヘラで混ぜてポマード状にする。粉糖、アーモンドパウダー、薄力粉の順に加え、粉っぽさがなくなるまでよく混ぜる。

2
カードでざっとひとまとめにし、手で1cmほどの大きさにちぎり、ベーキングシートを敷いた天板に広げる。焼いた時に膨らまないように、そのまま15分ほどおいて乾燥させる。

3
160℃に予熱したオーブンで約15分焼く。天板を取り出してそのまま冷まし、手でほぐす。

Mariné aux raisins noirs secs

レーズンのマリネ

材料 6人分

レーズン raisins noirs secs 40g
シナモンスティック bâton de cannelle 1本
オレンジ（皮ごと）orange 1/8個
赤ワイン vin rouge 100g

作り方

1
すべての材料をボウルに合わせてラップをし、常温で1日おく。

2
マリネ液をきり、シナモンスティックとオレンジを取り除く。
❉ きったマリネ液は、巨峰のポソレ〈P136〉に使用する。

Crème d'amande

アーモンドクリーム

材料 6人分

バター beurre 40g
グラニュー糖 sucre 30g
全卵 œufs 40g
アーモンドパウダー poudre d'amande 40g

作り方

1 ボウルに常温に戻したバターを入れ、ヘラで混ぜてポマード状にする。

2 グラニュー糖、全卵、アーモンドパウダーの順に加え、泡立て器でよく混ぜる。

Crème pâtissière

カスタードクリーム

材料 作りやすい分量

A｜牛乳 lait 125g
　｜バニラビーンズ gousse de vanille 1/8本
卵黄 jaunes d'œufs 20g
グラニュー糖 sucre 20g
薄力粉 farine faible 4g
コーンスターチ fécule de maïs 4g

作り方

1 鍋にAを入れ、沸騰直前まで温める。

2 ボウルに卵黄とグラニュー糖を入れて白っぽくなるまですり混ぜ、薄力粉、コーンスターチを加えて混ぜる。

3 2に1を加えて混ぜ合わせ、漉して鍋に戻す。中火にかけ、絶えずヘラで混ぜながら、ツヤが出るまで炊く。

4 バットに移して乾かないようにラップをし、底を氷水に当てて冷やす。

Frangipane aux raisins noirs secs

レーズンのフランジパンヌ

材料 6人分

アーモンドクリーム〈上記参照〉crème d'amande 150g
カスタードクリーム〈上記参照〉crème pâtissière 80g
レーズンのマリネ〈P133参照〉mariné aux raisins noirs secs ......全量

作り方

1 ボウルにアーモンドクリーム、ほぐしたカスタードクリームを入れ、泡立て器でよく混ぜる。レーズンのマリネを加えて混ぜる。

2 天板に15cm四方のキャドルを置いてベーキングペーパーを敷き、1を流し入れて表面を平らにならす。

3 170℃に予熱したオーブンで20〜25分焼く。キャドルから出して冷ます。

Marmelade de raisin noir

巨峰のマルムラード

材料 6人分

巨峰 raisin noir …… 180g

レモン汁 jus de citron …… 18g

バニラビーンズ（2番さや*） gousse de vanille …… 1/8本

* 一度使ったバニラビーンズのさやを乾燥させたもの。主に香り付けに使われる。

作り方

1 巨峰は皮ごと半分に切って種を除き、フードプロセッサーに入れて5〜6秒攪拌する（みじん切りにしてもよい）。

2 鍋に**1**、レモン汁、バニラビーンズを入れて火にかけ、水分がほとんどなくなるまで混ぜながら煮詰める。

Crème glacée à la cannelle

シナモンのアイスクリーム

材料 12〜15人分

A 牛乳 lait …… 250g
生クリーム（38％） crème liquide 38% MG …… 75g
シナモンパウダー poudre de cannelle …… 1g

卵黄 jaunes d'œufs …… 50g

グラニュー糖 sucre …… 30g

作り方

1 鍋に**A**を入れ、沸騰直前まで温める。

2 ボウルに卵黄を入れてほぐし、グラニュー糖を加えて泡立て器で混ぜる。**1**の半量を加えて混ぜ、それを鍋に戻して全体を混ぜながら83℃まで温める。

3 ボウルに漉し入れ、底を氷水に当てて混ぜながら冷やす。

4 アイスクリームマシンにかける。

Raisin noir poêlé

巨峰のポワレ

材料　6人分

巨峰　raisin noir ……18粒
レーズンのマリネで使ったマリネ液〈P133参照〉 jus de mariné ……適量
グラニュー糖　sucre ……10g

作り方

1
巨峰は皮ごと半分に切り、種を除く。

2
フライパンにマリネ液とグラニュー糖を入れて火にかけ、沸騰したら巨峰を入れる＊。巨峰のふちがやや膨らむ程度に火を通す。加熱しすぎると皮がめくれてしまうので注意。

＊　好みでオレンジの表皮のすりおろしを加えてもよい。

Pâte à cigarette

シガレット

材料　作りやすい分量

バター　beurre ……30g
粉糖　sucre glace ……30g
卵白　blancs d'œufs ……20g
薄力粉　farine faible ……30g

作り方

1
ボウルに常温に戻したバターを入れ、ヘラで混ぜてポマード状にする。粉糖、卵白、薄力粉の順に加え、粉っぽさがなくなるまでよく混ぜる。

2
3mmの丸口金をつけた絞り袋に1を入れ、ベイキングシートを敷いた天板の上に、20cm長さの直線に絞る。

3
170℃に予熱したオーブンで15分ほど焼く。熱いうちに直径9cmのセルクルに巻きつけて冷ます。

[［ 組み立て・盛り付け ］]

材料　仕上げ用

金箔 feuille d'or ……適量

1　フランジパンヌの上にマルムラードを塗り、4辺の端をカットする。6等分の長方形に切り分け、クランブルをのせる。

2　天板にベーキングペーパーを敷いて1をのせ、170℃に予熱したオーブンで3〜4分温める。

3　2に巨峰のポワレを5粒ずつのせる。

4　残ったポワレのソースは好みのかたさに煮詰め、盛り付け用の皿に線を描く。

5　皿のあいたところに滑り止め用のクランブルを砕いてのせる。

6　4のソースの上に3をのせ、シガレットを飾り、金箔をのせる。クランブルの上にシナモンのアイスクリームをのせる。

Crumble aux raisins noirs et crème glacée à la cannelle

秋のフルーツ 3

和梨
poire japonaise

和梨は品種によって甘味や酸味、食感などが異なり、また個体差も大きいので、私はいつも品種の異なる2種類を複数個ずつ購入し、味見をしてから使うものを決め、目指すデザートの味に近づけている。一般的に和梨は、枝側よりもお尻のほう、種に近い中心部よりも皮のまわりのほうが甘味が強い。味わい的には柑橘系フルーツと相性が良い。

［出回り期］
1月　2月　3月　4月　5月　6月　7月　8月　9月　10月　11月　12月

Fine tarte aux poires japonaises parfumées à la citronnelle

和梨のタルト、レモングラスの香り

まず、シンプルに和梨の魅力が生きるもの、と考えタルトを思い付いた。キャラメルソースを合わせると、和梨の繊細な味わいが負けてしまうので、ポシェはレモングラスのシロップに浸して香りの強度を増した。レモングラスのソルベも香り付けの役割で、時間が経ってもおいしさが保てるように、やや濃いめの味付けにしてある。

Pâte sucrée

タルト生地

材料　8人分

有塩バター　beurre demi-sel ……38g
グラニュー糖　sucre ……9g
卵黄　jaunes d'œufs ……5g
牛乳　lait ……6g

A｜ライ麦粉　farine de seigle ……30g
　｜強力粉　farine forte ……24g
有塩バター　beurre demi-sel ……45g

作り方

1
38gのバターは常温にしてヘラで練ってポマード状にする。グラニュー糖、卵黄、牛乳の順に加えて混ぜ、ふるったAを入れて混ぜ合わせる。ひとまとめにしてラップで包み、冷蔵庫で30分ほど寝かせる。

2
1をヘーゼルナッツ大にちぎり、ベーキングシートを敷いた天板に広げ、170℃に予熱したオーブンで15分焼く。天板を取り出してそのまま冷ます。

3
冷めたら粗めに刻み、常温にしてポマード状に練った45gのバターと合わせてよく混ぜる。

4
あとで15cm四方にカットできるように、麺棒で平らに伸ばし、冷蔵庫で冷やし固める。

Mousse aux poires japonaises

和梨のムース

材料　15cm四方のキャドル1台（4人分）

和梨　poire japonaise ……120g
レモン汁　jus de citron ……5g
板ゼラチン　gélatine en feuilles ……4g

A｜卵白　blancs d'œufs ……15g
　｜水　eau ……5g
　｜グラニュー糖　sucre ……20g
生クリーム（35%）
　　crème liquide 35% MG ……60g

作り方

1
板ゼラチンは氷水で戻しておく。和梨は皮と種を除き、レモン汁とともにミキサーにかけてピューレにする。

2
鍋に1のピューレを入れて温め、熱いうちに水気を絞ったゼラチンを加えて溶かす。ボウルに移し、底を氷水に当てて混ぜながら冷やす。

3
Aでイタリアンメレンゲを作る。ボウルに卵白を入れてハンドミキサーで泡立てる。鍋に水とグラニュー糖を入れて118℃まで煮詰め、卵白のボウルのふちから少しずつ加えながら高速で泡立てる。ツノがかたく立ったら、冷蔵もしくは冷凍で冷やす。

4
生クリームは七分立てにし、イタリアンメレンゲと合わせてヘラで軽く混ぜる。

5
2に4を少量入れてなじませてから、残りを3回に分けて加え、そのつど混ぜる。

6
ラップを敷いたバットにキャドルを置き、5を流して表面をならす。冷凍庫で半凍りにする。

Sorbet à la citronnelle

レモングラスのソルベ

材料 20人分

A
| 水 eau 190g
| 水飴 glucose 30g
| グラニュー糖 sucre 75g

レモングラス（フレッシュ*・白い部分）
　citronnelle 4本

ヨーグルト yaourt 100g
生クリーム（35%）crème liquide 38% MG
　......25g
レモン汁 jus de citron 18g
ハチミツ miel 15g

* ドライを使う場合は15gにし、蒸らす時に加える。

作り方

1
鍋に、**A**、細かく刻んだレモングラスを入れて煮立て、火を止める。フタをし、5分蒸らす。

2
ボウルに漉し入れ、底を氷水で冷やす。残りの材料を混ぜ、アイスクリームマシンにかける。

Poché de poire japonaise

和梨のポシェ

材料 4〜5人分

レモングラス（フレッシュ*）
　feuille de citronnelle 12g
水 eau 160g

グラニュー糖 sucre 80g
和梨 poire japonaise 1個

作り方

1
レモングラスは3cm長さに切り、水、グラニュー糖とともに鍋に入れて火にかける。沸騰したら火を止め、フタをして5分蒸らす。

2
和梨は16等分のくし形に切り、種がある部分をまっすぐ切り落とす。皮を下にして置き、ナイフを寝かせて皮をむき、さらに厚みを半分にする。

3
保存容器に和梨を並べ、**1**を熱いうちに漉し入れる。ラップで落としぶたをしてそのまま冷まし、冷蔵庫に1日おく。

* ドライを使う場合は4gにし、蒸らす時に加える。

Sauce au caramel

キャラメルソース

材料　10人分

グラニュー糖 sucre ……50g

水 eau ……25g

作り方

1 鍋にグラニュー糖をふり入れて火にかける。黄金色になったら水を少しずつ入れ、混ぜてなじませる。

〚 組み立て・盛り付け 〛

材料　仕上げ用

和梨のチップス* chips de poire japonaise ……適量

レモングラス（フレッシュ）feuille de citronnelle ……適量

1 タルト生地は15cmの正方形に切ってから、4等分して7.5cm四方に切り分ける。和梨のムースはふちにナイフを入れてキャドルから外し、4等分して7.5cm四方に切り分ける。

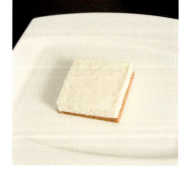

2 盛り付け用の皿にタルト生地を置き、和梨のムースを重ねる。

3 和梨のポシェは汁気をきり、まな板などに一部重ねながら5切れ並べる。7.5cm四方になるように調整し、長ければ端をカットしてムースの上に重ねる。

4 タルトの奥と手前に、キャラメルソースで皿に直線を描く。

5 ポシェの上に、小さめのクネルにとったレモングラスのソルベをのせ、和梨のチップスを刺す。カールさせたレモングラスを飾る。

---

*　**和梨のチップス**
和梨は皮つきのまま1mm以下の薄さの半月形にスライスし、軸と種のある部分は切り落とす。ベーキングシートを敷いた天板に並べて粉糖をふり、90℃のオーブンで2〜3時間、乾燥焼きにする。

Poire japonaise frite et confiture de pamplemousse rose

和梨のカダイフ揚げ、ルビーグレープフルーツジャムを添えて

和梨の魅力を生かすにはフレッシュが一番だが、衣をつけて揚げると、また新たな和梨の魅力が楽しめる。衣は、水分が多い和梨を包んでも、しならずにカリッとした食感をキープできるカダイフが最適だ。クレームフロマージュでコクをプラスし、ソースの代わりにルビーグレープフルーツのコンフィチュールをたっぷりかけた。

Friture de poire japonaise au kadaif

和梨のカダイフ揚げ

材料　作りやすい分量

カダイフ* kadaif ……適量
和梨 poire japonaise ……1個
水溶き片栗粉 fécule ……適量
揚げ油 huile ……適量

* 小麦粉やとうもろこし粉を練り、細い糸状に加工した生地。もともとはトルコ発祥だがフランス料理にも使われる。

作り方

1 カダイフは乾かないように、濡らしたペーパーで巻いておく。

2 和梨は12等分のくし形に切って種と芯を除き、皮をむく。

3 カダイフの表面全体に軽く水溶き片栗粉を塗り、和梨に巻きつける。巻き終わりに再度水溶き片栗粉を塗って留める。

4 盛り付ける直前に、180℃の揚げ油で3をきつね色になるまで揚げる。

Sorbet à la poire japonaise

和梨のソルベ

材料　作りやすい分量

和梨 poire japonaise ……250g
グラニュー糖 sucre ……30g
水飴 glucose ……20g
レモン汁 jus de citron ……12g

作り方

1 和梨は皮をむいて種と芯を取り、適当な大きさに切る。ハンドブレンダーかミキサーにかけ、ピューレにする。

2 鍋に、ピューレの1/3量、グラニュー糖、水飴を入れて火にかけ、混ぜながら溶かす。ボウルに移して底を氷水に当てて冷やす。

3 残りのピューレ、レモン汁を加えて味を調える。アイスクリームマシンにかける。

Crème fromage
クレームフロマージュ

材料　作りやすい分量

クリームチーズ cream cheese ……40g
カスタードクリーム* crème pâtissière ……40g
生クリーム（35%） crème liquide 35% MG ……20g

*　｜　作り方はP134参照。

作り方

1
クリームチーズは室温に戻してやわらかくし、カスタードクリームと混ぜ合わせる。

2
生クリームは八分立てにし、1と合わせて手早く混ぜる。

Comfiture de pamplemousse rose
ルビーグレープフルーツのコンフィチュール

材料　作りやすい分量

A｜ ルビーグレープフルーツの皮 zest de pamplemousse rose ……1/2個分
　　レモンの皮 zeste de citron ……1/4個分
ルビーグレープフルーツのカルチエ quartier de pamplemousse ……1個分
レモンのカルチエ quartier de citron ……1/2個
バニラビーンズ（2番さや）gousse de vanille usée ……1/6本

作り方

1
鍋に湯を沸かしてAを入れ、ゆでこぼす。これを皮がやわらかくなるまで3回ほど繰り返す。

2
1を5mm角に切り、その他の材料とともに鍋に入れ、汁気がほぼなくなるまで煮る。

〖 組み立て・盛り付け 〗

材料　仕上げ用

和梨　poire japonaise ……適量

バニラビーンズ（2番さやを細長くカットしたもの）gousse de vanille ……適量

1　和梨は皮をむいて種と芯を除き、5mm角に切る。

2　1.1cmの丸口金をつけた絞り袋にクレームフロマージュを入れ、盛り付け用の皿に20g絞り出し、中央を少しくぼませる。

3　2の中央に1を盛り、半分に切った和梨のカダイフ揚げを3切れのせる。

4　カダイフ揚げの上にルビーグレープフルーツのコンフィチュールを盛り、バニラビーンズを飾る。

5　小さめのガラスのカップに、余った焼き菓子などを崩して小さく盛り、クネルにとった和梨のソルベを入れる。4に添える。

秋のフルーツ 4

和栗
marron japonais

フルーツの中では皮がかたく種を食用とする「堅果」の一種で、ナッツ類に分類される。皮に光沢があって、持った時に重みを感じるものを選ぶとよい。保存は、冷蔵庫のチルド室やパーシャル室がおすすめ。長く保存できる上、低温にさらされることで栗のデンプン質が糖に変わり、甘味が強く感じられるようになる。水に浸して浮いてきたものは虫食いなので除く。

[出回り期]

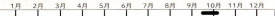

Blanc de mont-blanc

ブラン・ド・モンブラン

和栗のケーキをエミュルションで覆い、ソルベやメレンゲをあしらった
「白い」モンブラン。軽い口当たりのデリケートなグラスデザートだ。
和栗はホクホクしたおいしさがある反面、香りがやや弱いので、使う分量を増やした。
和栗のケーキは少し塩味を利かせて日本的な味わいを意識。
定番のカシスとフロマージュブランの風味が、味のアクセントになっている。

Cake au marron japonais

和栗のケーキ

材料 15cm四方のキャドル1台(6〜7人分)

- A │ 和栗ペースト* pâte de marron japonais 110g
    バター（室温に戻したもの）beurre 50g
    粉糖 sucre glace 25g
    塩 sel 1g
- 全卵 œufs 40g
- B │ 薄力粉 farine faible 10g
    ベーキングパウダー levure chimique 1g

* │ 和栗ペースト
和栗は皮ごとゆでて皮をむき、裏濾しする。全体量の30%の糖分（ここでは三温糖を使用）を加え、弱火にかけながら糖分を混ぜ溶かす。

作り方

1 ボウルに**A**を入れて泡立て器でよく混ぜ、空気を含ませる。溶いた全卵を少しずつ入れて混ぜ、最後にふるった**B**を加える。

2 天板にキャドルを置いて中にベーキングペーパーを敷き、1を入れて150℃に予熱したオーブンで10〜15分焼く。キャドルを外し、冷ます。

Gelée de cassis

カシスのジュレ

材料 縦18×横21cmのバット1枚分(8人分)

- A │ 冷凍カシス(ホール) cassis surgelé 100g
    水 eau 40g
    カシスピューレ purée de cassis 33g
    グラニュー糖 sucre 19g
- 板ゼラチン gélatine en feuille 4g

作り方

1 板ゼラチンは氷水で戻す。鍋に**A**を入れ、80℃ほどまで温めて火を止め、水気を絞ったゼラチンを加えて混ぜ溶かす。

2 バットに流し、冷蔵庫で冷やし固める。

Blanc de mont-blanc | 149

Marron japonais au sirop parfumé au miel
和栗のハチミツ煮

材料　8人分

A ｜ 水　eau 350g
　　アカシアはちみつ　miel d'acassia 200g
　　グラニュー糖　sucre 150g

和栗（ゆでて皮をむいたもの）marron japonais mondé 500g*

*　外皮付きの状態だと約1kg。湯に重曹小さじ1と塩ふたつまみを入れてゆで、中まで火が通ったら湯を捨てて水を入れ、水が温かいうちに皮をむく。

作り方

1
鍋にAを入れて沸騰させ、アクを取り除く。ごく弱火にし、和栗を入れて落としぶたをする。

2
再び沸騰する直前に火から下ろし、そのまま常温に一晩おいてシロップを和栗に浸透させる。

3
再びごく弱火にかけて沸騰直前まで温め、火から下ろして一晩おく。これをあと1回（計3回）繰り返す。

Sauce anglaise au marron japonais
和栗のアングレーズソース

材料　8人分

A ｜ 牛乳　lait 125g
　　生クリーム38%　crème liquid 38% MG 38g
　　バニラビーンズ　gousse de vanille 1/6本分

卵黄　jaunes d'œufs 30g
三温糖　sucre roux 15g
和栗ペースト*　pâte de marron japonais 100g

*　作り方はP149参照。

作り方

1
鍋にAを入れて温める。

2
ボウルに卵黄を入れてほぐし、三温糖を加えて白っぽくなるまで泡立て器ですり混ぜる。Aを加えて混ぜ、鍋に戻して中火にかけ、混ぜながら83℃まで温める。

3
ボウルに漉し入れ、和栗ペーストを入れてハンドブレンダーで混ぜる。底を氷水に当てて混ぜながら冷やす。

Sorbet au fromage blanc

フロマージュブランのソルベ

材料 8人分

A 水 eau ……140g
水飴 glucose ……23g
グラニュー糖 sucre ……40g

フロマージュブラン fromage blanc ……100g
レモン汁 jus de citron ……15g
アカシアはちみつ miel d'acassia ……12g
生クリーム（38%） crème liquide 38% MG ……45g

作り方

1 鍋に**A**を入れて沸騰させ、冷ます。

2 他の材料をすべて加え、よく混ぜる。

2 アイスクリームマシンにかける。

Meringues

メレンゲ

材料 6人分

卵白 blancs d'œufs ……50g
グラニュー糖 sucre ……50g
粉糖 sucre glace ……50g

作り方

1 ボウルに卵白を入れてハンドミキサーで混ぜ、グラニュー糖を2〜3回に分けて加えてツノがピンと立つまで泡立てる。ふるった粉糖を加え、ヘラで切るように混ぜる。

2 ベーキングシートを敷いた天板の上に、8mmの丸口金をつけた絞り袋で、**1**を直線に絞る。

3 90℃のオーブンで2時間ほど乾燥焼きにする。取り出してそのまま冷まし、乾燥材を入れた容器で保存する。

Emulsion

エミュルション

材料　5人分

牛乳 lait ……200g
グラニュー糖 sucre ……15g
ダークラム rhum brun ……18g

作り方

1 鍋にすべての材料を入れて火にかけ、沸騰直前に火を止める。

2 ハンドブレンダーにかけ、きめ細かく泡立たせる。

〚 組み立て・盛り付け 〛

材料　仕上げ用

金箔 feuille d'or ……適量

1 直径5cmのセルクルでカシスのジュレを抜き、盛り付け用のグラスの底に敷く。同じセルクルで和栗のケーキを抜き、ジュレの上に重ねる。

2 1の周りに大さじ4の和栗のアングレーズソースを注ぎ、8等分に切った和栗のハチミツ煮を5〜6粒散らす。

3 エミュルション大さじ4を入れ、中央にクネルにとったソルベを盛る。金箔を飾り、メレンゲをさす。

Marronnier

マロニエ

ポルトガルのエッグタルトをイメージし、さっくり軽く焼き上げた
フィユテマロンにプリンをのせた。和栗のアイスやチュイールなどもしっかり甘く、
食べごたえは十分。主役である和栗の味を全面に出すため、
ガルニチュールだけでなく仕上げにも和栗のハチミツ煮を使い、
和栗のアイスクリームとともに味が引き立つように調整した。

Feuilleté au marron

フィユテマロン

材料　直径8cm×高さ1.5cmのタルトレット型10個分

薄力粉　farine faible ……260g

塩　sel ……6g

水　eau ……125g

溶かしバター　beurre fondu ……38g

バター　beurre ……210g

ガルニチュール〈P155参照〉garniture ……適量

作り方

1
フィユタージュを作る。ボウルにふるった薄力粉を入れ、塩、水、溶かしバターを加え、グルテンが出ないようにカードで切るようにして混ぜる。まとめてラップをし、最低1時間、冷蔵庫で寝かせる。

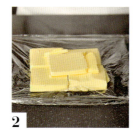

2
バターは冷蔵庫から出してラップではさみ、麺棒でたたき伸ばして、1の生地と同じくらいのやわらかさにし、平らな正方形にまとめる。

3
1の生地をバターよりひと回り大きい正方形にのばし、中心部から外に向かって麺棒で伸ばして4辺それぞれからベロが伸びたような形にする（生地の中心は少し厚みがあってよい）。そのベロを中心に向かって内側に折りたたみ、つなぎ目を閉じて中のバターを完全に包み、麺棒でたたく。

4
3の生地を前後に伸ばし、三つ折りにする。

5
生地を90度回転させて前後に伸ばし、再び三つ折りにする。これをもう一度繰り返し、最後に四つ折りにする。これでフィユタージュの完成。

6
生地を2mmほどの厚さに伸ばし、直径9cmのセルクルで20枚抜く。10枚をタルトレット型に敷き込み、ピケする。

7
型の半分よりやや下の高さまでガルニチュールを絞り入れる。

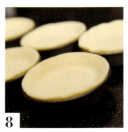

8
残りのフィユタージュをかぶせ、空気が入らないように敷き込む。はみ出た部分はカットし、冷蔵庫で30分寝かせる。

9 網もしくは天板にのせ、190℃に予熱したオーブンで20分ほど焼く。途中、10分焼いて生地が膨らんできたら、ベーキングシートをかぶせてから天板で重しをし、さらに10分焼く。

10 上にかぶせた天板とベーキングシートを外し、様子を見ながらさらに焼き、表面をきつね色に仕上げる。

Garniture

ガルニチュール

材料　直径8cm×高さ1.5cmのタルトレット型8個分

バター beurre ……80g

A｜ヘーゼルナッツパウダー poudre de noisette ……40g
　｜三温糖 sucre roux ……20g
　｜塩 sel ……1g

和栗のハチミツ煮* marron japonais au sirop parfumé au miel ……60g

クルミ noix cerneaux ……30g

＊ ｜作り方はP150参照。

作り方

1 バターは室温に戻してポマード状にし、**A**を加えてよく混ぜる。

2 和栗のハチミツ煮は7mm角に切り、クルミは粗く砕き、ともに1に加える。

Tuiles
チュイール

材料　作りやすい分量

水 eau ……50g
グラニュー糖 sucre ……100g
強力粉 farine forte ……15g
溶かしバター beurre fondu ……65g

作り方

1
ボウルに、水、グラニュー糖の順に入れ、ふるった強力粉を加えて、泡立て器でよく混ぜる。

2
溶かしバターを加え、なめらかになるまで混ぜる。ベーキングシートの上に2mmほどの厚さに伸ばす。

3
170℃に予熱したオーブンで15分ほど焼く。

4
ベーキングシートからはがして直径8cmのセルクルで抜き、平らなところに置いて冷ます。

Crème glacée au marron japonais
和栗のアイスクリーム

材料　20人分

A ｜ 牛乳 lait ……250g
　　　生クリーム（38%）crème liquide 38% MG ……75g
　　　バニラビーンズ gousse de vanille ……1/3本

卵黄 jaunes d'œufs ……60g
三温糖 sucre roux ……30g
和栗ペースト* pâte de marron japonais ……250g
ダークラム rhum brun ……10g

*　和栗ペースト
和栗は皮ごとゆでて皮をむき、裏漉しする。全体量の30%の糖分（ここでは三温糖を使用）を加え、弱火にかけながら糖分を混ぜ溶かす。

作り方

1
鍋にAを入れ、沸騰直前まで温める。

2
ボウルに卵黄を入れてほぐし、三温糖を加えて泡立て器で混ぜる。Aを加えて混ぜ、鍋に戻して中火にかけ、混ぜながら83℃まで温める。

3
ボウルに漉し入れ、和栗ペーストを入れてブレンダーで混ぜる。

4
底を氷水に当てて混ぜながら冷やし、ダークラムを加える。アイスクリームマシンにかける。

Pudding

プリン

材料　直径5.5cmのセルクル8個分

全卵　œufs ……90g

グラニュー糖　sucre ……35g

牛乳　lait ……200g

バニラオイル　huile de vanille ……1～2滴

作り方

1　ボウルに、全卵、グラニュー糖を入れて泡立て器で混ぜる。60℃に温めた牛乳を入れてよく混ぜ、バニラオイルを加え、漉す。

2　片方の口にラップを張って輪ゴムでとめたセルクルに、2を等分に流し入れる。天板にのせ、湯をプリンの高さの1/3～1/2まで注ぐ。

3　120～130℃に予熱したオーブンで30～40分、湯煎焼きにする。

〖 組み立て・盛り付け 〗

材料　仕上げ用

プードルデコール（泣かない粉糖）poudre décor ……適量

和栗のハチミツ煮* marron japonais au sirop parfumé au miel ……適量

クルミ（ローストしたもの）noix cerneaux grillées ……適量

＊　|　作り方はP150参照。

1　チュイールにプードルデコールをふり、その上に八つ割りにした和栗のハチミツ煮を放射状に並べ、中央にも小さく刻んだ和栗をのせる。

2　フィユテマロンは180℃のオーブンで3分温め、盛り付け用の皿の中央に置く。上に、セルクルから外したプリン、1の順に重ねる。

3　クネルにとったアイスをのせ、半分に割った和栗のハチミツ煮を2粒のせる。細かく割ったクルミを散らし、アイスにチュイールをさす。

秋のフルーツ 5

ナッツ類
fruits secs

ピーナッツやヘーゼルナッツなどのナッツ類は、「堅果」に分類されるフルーツの一種。ヘーゼルナッツはトルコ産、ピーナッツは国内では千葉産が知られる。フランス風に生のまま、あるいはゆでて食べても美味だが、香ばしく焼いたものはやはり格別なおいしさ。ここでは相性のよいチョコレートと組み合わせたデザートを紹介する。

［出回り期］

1月	2月	3月	4月	5月	6月	7月	8月	9月	10月	11月	12月
								■	■		

Marjolaine
et sorbet citron vert

マルジョレーヌ、ライムのソルベ添え

マルジョレーヌはフランスの三ツ星レストラン発祥のデザート。
ダックワーズとガナッシュ、2種のシャンティーを、
本家に倣ってスタンダードな層仕立てにした。
シャンティーには、ダックワーズの強度とコクのレベルを合わせ、
ゼラチンとバターを足している。
酸味をプラスするために、ライムのソルベを添えた。

Dacquoise
ダックワーズ

材料 8人分

卵白 blancs d'œufs 114g
グラニュー糖 sucre 38g
A ┃ アーモンドパウダー poudre d'amande 45g
 ┃ ヘーゼルナッツパウダー poudre de noisette 45g
 ┃ 粉糖 sucre glace 90g
 ┃ 薄力粉 farine faible 24g
ヘーゼルナッツ(粗く刻んだもの) noisettes concassées 30g

作り方

1 ボウルに卵白を入れてハンドミキサーで混ぜる。グラニュー糖を2回に分けて加え、ボウルを逆さにしても落ちないくらいのかたいメレンゲに仕上げる。

2 1にふるったAを半量加えてヘラで手早く混ぜ、残りを加えて切るように混ぜる。

3 天板にベーキングペーパーを敷き、1.1cmの丸口金をつけた絞り袋に2を入れ、あとで15cm四方のキャドル2枚で型抜きできるように隙間なく絞り出す。上から天板を落として空気を抜く。

4 キャドル1枚分の生地に上からヘーゼルナッツを散らし、全体にまんべんなく粉糖(分量外)をふる。170℃に予熱したオーブンで15〜20分焼く。

5 天板から取り出して冷まし、15cm四方の正方形2枚に切り分ける。

Ganache
ガナッシュ

材料 8人分

クーベルチュール・ノワール couverture chocolat noir 50g
生クリーム(38%) crème liquide 38% MG 50g

作り方

1
ボウルにクーベルチュールと、沸騰させた生クリームを加え、よく混ぜて溶かす。人肌に冷ます。

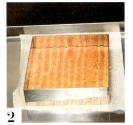

2
ベーキングペーパーの上に15cm四方のキャドルを置き、ヘーゼルナッツがのっていない方のダックワーズを底に敷く。

3
1を流して伸ばし、冷蔵庫で冷やし固める。

Chantilly praliné noisette
プラリネノワゼットのシャンティー

材料 8人分

生クリーム（47%）crème liquide 47% MG 125g
板ゼラチン gélatine en feuille 1.5g

A プラリネノワゼット praliné noisette 60g
フランジェリコ* Frangelico 10g

作り方

* ヘーゼルナッツを主原料としたリキュールで、イタリア・バルベロ社の商品。なければブランデーでもよい。

1
生クリームは六分立てにする。一部を取り出し、氷水で戻して絞ったゼラチンを入れ、電子レンジなどで温めて混ぜ溶かす。

2
ボウルにAを入れて混ぜ、ゼラチン入りの生クリームを加えてなじませてから、残りの生クリームと合わせる。

3
ガナッシュを塗ったダックワーズの上に流し、表面をならす。冷凍庫で冷やし固める。

Crème chantilly
クレームシャンティー

材料 8人分

生クリーム（47%）crème liquide 47% MG 150g
グラニュー糖 sucre 15g
板ゼラチン gélatine en feuille 1.5g
バター beurre 30g

作り方

1
板ゼラチンは氷水で戻す。生クリームはグラニュー糖と合わせて六分立てにする。

2
バターは50℃ほどに温め、水気を絞ったゼラチンを加えて混ぜながら溶かす。1の生クリームと合わせる。

3
冷やし固めたプラリネノワゼットのシャンティーの上に2を流し、表面を平らにならす。

4
ヘーゼルナッツを散らした方のダックワーズを、3の上に重ね、冷凍する。

Marjolaine et sorbet citron vert

Sorbet citron vert

ライムのソルベ

材料　12人分

A
- 水　eau ……140g
- 水飴　glucose ……23g
- トレモリン（転化糖）　trimoline ……30g

B
- フロマージュブラン　fromage blanc ……100g
- ライム果汁　jus de citron vert ……65g
- ライムの表皮のすりおろし　zeste de citron vert râpé ……1/2個分
- ハチミツ　miel ……12g
- 生クリーム（38%）　crème liquide 38% MG ……45g

- 卵白　blancs d'œufs ……70g

C
- グラニュー糖　sucre ……70g
- 水　eau ……40g

作り方

1
鍋に**A**を入れて沸騰させ、ボウルに移して底を氷水に当てて冷やす。**B**を加えて混ぜ、アイスクリームマシンにかける。

2
イタリアンメレンゲを作る。ボウルに卵白を入れて泡立てる。鍋に**C**を入れて118℃まで煮詰め、卵白のボウルのふちから少しずつ加えながら高速で泡立てる。ツノがかたく立ったら、冷蔵庫で冷やす。

3
出来上がったソルベに**2**を加えて混ぜる。

Sauce chocolat / praliné

プラリネチョコレートのソース

材料　作りやすい分量

A
- クーベルチュール・ノワール　couverture chocolat noir ……70g
- プラリネノワゼット　praliné noisette ……60g

B
- 生クリーム（38%）　crème liquide 38% MG ……150g
- 牛乳　lait ……40g

- サワークリーム　crème fraiche ……45g
- フランジェリコ　Frangelico ……10g

作り方

1
ボウルに**A**を入れ、沸騰させた**B**を加えてよく混ぜる。

2
サワークリームとフランジェリコを加え、ハンドブレンダーで混ぜる。底を氷水に当てて冷やす。

[組み立て・盛り付け]

材料　仕上げ用

粉糖 sucre glace ......適量

ヘーゼルナッツ noisette ......適量

ライムの表皮のすりおろし zeste de citron vert râpé ......適量

1　冷やし固めたマルジョレーヌをキャドルから取り出し、横半分、縦4等分にナイフを入れて8個の長方形に切り分ける。

2　盛り付け用の皿に、プラリネチョコレートのソースで線を描く。

3　ソースの上に1を置き、粉糖をふり、ヘーゼルナッツを散らす。

4　小さめのグラスにライムのソルベを盛り、ライムの表皮のすりおろしをふる。皿のあいたところにのせる。

Choc-noisette

ショック-ノワゼット

以前出場した、フランスのデザートコンクールで作った
即興デザートをアレンジ。
チュイールを割ると、エミュルションの下に隠れていた
アイスやクルスティアン、ガナッシュが顔を出す仕組み。
ヘーゼルナッツとチョコレートという定番の組み合わせに
サプライズを演出した。チュイールに散りばめたヘーゼルナッツは、
味だけでなく見た目のアクセントにもなっている。

Génoise chocolat

ジェノワーズ・ショコラ

材料　直径15cmの丸型1台

A | 全卵 œufs ……120g
　| グラニュー糖 sucre ……75g
　| ハチミツ miel ……10g

B | 薄力粉 farine faible ……50g
　| カカオパウダー poudre de cacao ……16g

牛乳 lait ……25g

作り方

1 ボウルにAを入れ、ハンドミキサーでリボン状になるまで泡立てる。

2 ふるったBを2回に分けて加えてゴムベラで混ぜ、牛乳を加えて手早く混ぜる。

3 直径15cmの丸型に流し入れ、180℃に予熱したオーブンで30分ほど焼く。

4 型から出して冷まし、5mm角に切る。

Tuile choolat / praliné

プラリネショコラのチュイール

材料　10人分

A | 粉糖 sucre glace ……50g
　| 薄力粉 farine faible ……13g
　| 強力粉 farine forte ……7g
　| カカオパウダー poudre de cacao ……5g
　| 塩 sel ……1g

全卵 œufs ……60g
溶かしバター beurre fondu ……50g
プラリネノワゼット praliné noisette ……100g
ヘーゼルナッツ（粗く刻んだもの）noisettes concassées ……適量

作り方

1 Aは合わせてふるい、ボウルに入れる。溶きほぐした全卵、溶かしバター、プラリネノワゼットの順に加え、そのつど混ぜる。

2 1を少量取り置く。残りをベーキングシートを敷いた天板に流してパレットナイフで薄くのばし、ヘーゼルナッツを散らす。150℃に予熱したオーブンで5分ほど焼く。

3 取り出して上にペーパーをのせて裏返し、シートを外す。上にペーパーを当ててチュイールを表に返す。縦19.5×横12cmの長方形に切り分け、縦方向に斜め半分に切る*1。

4 グラシンペーパーなどで作ったコルネに2で取り置いたチュイールの生地を入れ、3の短い辺に絞る。直径5.5cmのセルクルに巻いて筒状に成形し*2、端を重ねて接着する。

*1　ナッツが砕けないように手のひらで押さえながら切るとよい。

*2　巻いている途中でチュイールがかたくなってしまったら、再度オーブンで温める。

Ganache

ガナッシュ

材料　10人分

- **A**
  - クーベルチュール・ノワール　couverture chocolat noir ……80g
  - クーベルチュール・オレ　couverture chocolat au lait ……20g
- 生クリーム（38％）crème liquide 38% MG ……110g
- ブランデー　brandy ……10g

作り方

1 ボウルにAを入れ、沸騰させた生クリームを加えてゴムベラでなめらかになるまでよく混ぜる。ブランデーを加える。

2 バットに大きくラップを敷いて1を流し入れ、1cmの厚みになるようにラップで調整する。冷凍庫で半分ほど凍らせる。

3 直径4.5cmのセルクルで抜く。

Croustillant chocolat/noisette

ノワゼットショコラのクルスティアン

材料　10～11人分

- ヘーゼルナッツ（ローストしたもの）noisettes grillées ……30g
- **A**
  - プラリネノワゼット　praliné noisette ……40g
  - クーベルチュール・ノワール　couverture chocolat noir ……35g
  - クーベルチュール・オレ　couverture chocolat au lait ……35g
- ライスクリスピー　riz soufflé ……30g
- ジェノワーズ・ショコラ〈P165参照〉génoise chocolat ……40g

作り方

1 ヘーゼルナッツは粗く刻む。

2 ボウルにAを入れて湯煎で溶かす。1、残りの材料を加え、ヘラで手早く混ぜ合わせる。

Crème glacée au praliné

プラリネのアイスクリーム

材料　6人分

- ヘーゼルナッツ（ローストしたもの）noisettes grillées ……15g
- **A**
  - 牛乳　lait ……120g
  - 生クリーム（38％）crème liquide 38% MG ……10g
  - 水飴　glucose ……5g
- 卵黄　jaunes d'œufs ……20g
- グラニュー糖　sucre ……25g
- 脱脂粉乳　poudre de lait ……5g
- バター　beurre ……6g
- プラリネ　praliné noisette ……20g

作り方

1 ヘーゼルナッツは刻んで鍋に入れ、**A**を加えて温める。

2 ボウルに卵黄を入れてほぐし、グラニュー糖と脱脂粉乳を加えて泡立て器で混ぜ、**1**を加える。

3 鍋に戻して中火にかけ、混ぜながら83℃まで温める。火から下ろして粗熱を取り、バター、プラリネを加えてハンドブレンダーでよく混ぜる。

4 ボウルに漉し入れ、底を氷水に当てて冷やす。アイスクリームマシンにかける。

Emulsion chocolat
チョコレートのエミュルション

材料 作りやすい分量

牛乳 lait ……200g

生クリーム(38%) crème liquide 38% MG ……30g

A | クーベルチュール・オレ couverture chocolat au lait ……30g
　　| クーベルチュール・ノワール couverture chocolat noir ……8g

作り方

1 鍋に牛乳と生クリームを入れ、沸騰直前まで温め、火を止める。

2 **1**に**A**を加えて溶かし、ハンドブレンダーにかけて大きな泡をつぶすように泡立てる。

Sauce au chocolat
チョコレートソース

材料 作りやすい分量

A | カカオマス pâte de cacao ……34g
　　| クーベルチュール・ノワール(カカオ分58%) couverture chocolat noir (58% de cacao) ……34g
　　| 牛乳 lait ……100g

B | 生クリーム(38%) crème liquide 38% MG ……10g
　　| グラニュー糖 sucre ……12g

サワークリーム crème fraiche ……10g

作り方

1 ボウルに**A**、温めた**B**を入れてよく混ぜる。

2 サワークリームを加え、ハンドブレンダーでよく混ぜる。ボウルの底を氷水に当てて冷やし、冷蔵庫で保存する。

Choc-noisette | 167

[組み立て・盛り付け]

材料 仕上げ用

カカオパウダー poudre de cacao ……適量

1 盛り付け用の皿に、刷毛でチョコレートソースの線を描く。ガナッシュを配置する。

2 ガナッシュにチュイールをかぶせる。

3 チュイールの中にクルスティアンを半分の高さまで入れる。

4 さらに、大きめのスプーン1杯分のアイスを入れる。

5 エミュルションを注ぎ、カカオパウダーを全体にふる。

Cacahouète et chocolat

ピーナッツとチョコレートのデザート

採れたてのピーナッツのおいしさに開眼し、夢中になっていた頃に考案。
フランス菓子のオペラをアレンジした。ジョコンド生地は、コーヒーの代わりに
チョコレートシロップで浸し、食感を変えるべくピーナッツジュレを重ねた。
主役は一番上のヌガティーヌ。
カリカリと香ばしく、ピーナッツの魅力が十二分に味わえる。

Biscuit joconde

ビスキュイ・ジョコンド

材料　15cm四方のキャドル2枚分

- **A**
  - 全卵 œufs ……180g
  - 粉糖 sucre glace ……88g
  - アーモンドパウダー poudre d'amande ……88g
- 卵白 blancs d'œufs ……103g
- グラニュー糖 sucre ……64g
- 薄力粉 farine ……33g
- 溶かしバター beurre fondu ……20g

作り方

1　Aの粉糖とアーモンドパウダーはふるい、全卵とともにボウルに入れ、ハンドミキサーで泡立てる。

2　別のボウルに卵白を泡立て、グラニュー糖を加えてツノがピンと立つくらいのメレンゲを作る。1に2～3回に分けて加え、ヘラで混ぜる。

3　ふるった薄力粉を加えて混ぜ、溶かしバターを加える。

4　天板にベーキングペーパーを敷いてキャドルを置き、3を流し入れ、パレットナイフで表面を平らになる。200℃に予熱したオーブンで10分ほど焼く。取り出して冷まし、キャドルを外す。

Sirop

シロップ

材料　15cm四方のキャドル2枚分

- 水 eau ……140g
- カカオパウダー poudre de cacao ……9g
- ベイリーズ Baileys*1 ……13g
- パータグラッセ*2 pâte à glacer ……適量

*1　クリームやアイリッシュウイスキーを主原料とした、アイルランド生まれのクリーム系リキュール。

*2　コーティング用のチョコレート。テンパリングしなくても、溶かして固めるだけでツヤが出る。

作り方

1　鍋に水を沸騰させ、カカオパウダーを加えて加熱しながら泡立て器で混ぜる。火を止めて粗熱を取り、ベイリーズを加える。これでシロップの完成。

2　ガナッシュ〈P171参照〉を作り終えたら、パータグラッセを湯煎で溶かしてビスキュイ・ジョコンド〈上記参照〉の表面にパレットナイフで塗る。

3　固まらないうちにベーキングペーパーをかぶせて空気を抜き、裏返して上のペーパーをはがす。

4　ジョコンド生地に15cm四方のキャドルをかぶせ、刷毛で1のシロップを打つ。何度も打って生地の中までシロップをしみ込ませる。

Ganache
ガナッシュ

材料　15cm四方のキャドル2枚分

クーベルチュール・ノワール（カカオ分58％）couverture chocolat noir(58%) ……60g

カカオマス pâte de cacao ……40g

A ｜ 生クリーム（38％）crème liquide 38% MG ……170g
　｜ 水飴 glucose ……30g

ベイリーズ Baileys ……10g

作り方

1
ボウルにクーベルチュールとカカオマスを入れ、沸騰させたAを加えてよく混ぜる。

2
粗熱が取れたらベイリーズを加え、底を氷水に当てて冷やす。これでガナッシュの完成。

3
シロップを打ったビスキュイ・ジョコンド〈P170〉にガナッシュを流し入れ、カードで表面を平たくならす。冷凍庫で冷やし固める。

Gelée de cacahouète
ピーナッツジュレ

材料　15cm四方のキャドル2枚分

牛乳 lait ……210g

生クリーム（38％）crème liquide 38% MG ……90g

A ｜ グラニュー糖 sucre ……12g
　｜ アガー agar - agar ……7g
　｜ 塩 sel ……0.5g

ピーナッツバター beurre de cacahouète ……60g

ベイリーズ Baileys ……12g

作り方

1
鍋に牛乳と生クリームを入れて沸騰させ、混ぜ合わせたAを加えて泡立て器で混ぜる。

2
ボウルにピーナッツバターとベイリーズを入れ、1を熱いうちに加えてハンドブレンダーでよく混ぜる。

3
粗熱を取ってガナッシュの上に流し、冷凍庫で冷やし固める。

Crème glacée cacahouète

ピーナッツのアイスクリーム

材料　30人分

A ｜ 牛乳 lait ……480g
　　｜ 生クリーム（38%）crème liquide 38% MG ……48g
　　｜ 水飴 glucose ……36g
　　｜ バター beurre ……30g

卵黄 jaunes d'œufs ……132g

ピーナッツバター beurre de cacahouète ……144g

フランジェリコ* Frangelico ……48g

*　ヘーゼルナッツを主原料としたリキュール。

作り方

1 鍋にAを入れて70℃ほどまで温める。

2 ボウルに卵黄を入れてほぐし、Aを加えて泡立て器で混ぜる。鍋に戻して中火にかけ、混ぜながら83℃まで温める。

3 ボウルに漉し入れ、温かいうちにピーナッツバターとフランジェリコを入れ、ハンドブレンダーでよく混ぜる。

4 底を氷水に当てて冷やし、アイスクリームマシンにかける。

5 バットにフィルムを敷き、出来たアイスを厚み1.5cmになるように広げる。冷凍庫で冷やし固め、13×2cmの長方形に切り分ける。

Sauce au chocolat

チョコレートソース

材料　作りやすい分量

クーベルチュール・ノワール（カカオ分58%）couverture chocolat noir(58%) ……34g

カカオマス pâte de cacao ……34g

A ｜ 牛乳 lait ……100g
　　｜ 生クリーム（38%）crème liquide 38% MG ……10g
　　｜ グラニュー糖 sucre ……12g

サワークリーム crème fraiche ……10g

作り方

1 ボウルにクーベルチュールとカカオマスを入れる。沸騰させたAを加え、よく混ぜる。

2 サワークリームを加え、ハンドブレンダーでよく混ぜる。

3 ボウルの底に氷水を当てて冷やし、冷蔵庫で保存する。

Nougatine

ヌガティーヌ

材料　12人分

A ｜ グラニュー糖 sucre ……50g
　｜ 水飴 glucose ……50g
　｜ バター beurre ……50g
　｜ 水 eau ……13g

ピーナッツ cacahouète ……150g

作り方

1 鍋にAを入れ、混ぜながら煮る。

2 ぶくぶくと泡立って乳化したら、火を止め、ピーナッツを加える。

3 ベーキングシートを敷いた天板に流し、170℃に予熱したオーブンで、焼き色がつくまで15分ほど焼く。

4 温かいうちに14×2.8cmの長方形に切り分ける。

[組み立て・盛り付け]

材料 仕上げ用

金箔 feuille d'or ……適量
プラケット・ショコラ*（14×2.8cmの長方形） plaquette chocolat noir ……1人分につき1枚

* ｜ 薄い板状のチョコレート。

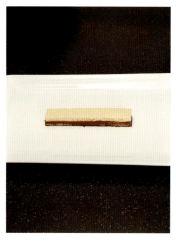

1 ビスキュイ・ジョコンドに、ガナッシュ、ピーナッツジュレを重ねて冷凍したものを解凍する。13×2cmの長方形に切り分け、盛り付け用の皿に置く。

2 ヌガティーヌの上に金箔を飾る。

3 プラケット・ショコラの上にピーナッツのアイスクリームをのせ、盛る直前まで冷凍庫で冷やしておく。

4 皿のあいたところにチョコレートソースで線を描く。

5 1の上に、3、2の順に重ねる。

リンゴ

イチゴ

ハッサクとミカン

chapitre 4

hiver ［冬のフルーツ］

冬を乗り切るためのビタミンCが豊富に含まれている冬のフルーツ。
日本ではクリスマスやバレンタインなどのイベントに合わせ、
イチゴの需要が爆発的に増える。
この時期のデザートにイチゴは欠かせない。

通年手に入るフルーツだが、秋から冬にかけてが旬。デザート作りには、煮崩れしにくく、強い酸味のある紅玉が使われることが多い。サイズは大きすぎず、中くらいのもので、ずっしりと重みのあるものがよい。保存はポリ袋に入れて冷蔵庫へ。逆さまにするとエチレンガスの発生が活発になり、傷みが早まるので注意すること。

[出回り期]
1月 2月 3月 4月 5月 6月 7月 8月 9月 10月 11月 12月

冬のフルーツ 1

リンゴ
pomme

Ravioli aux pommes, sauce à la patate douce

リンゴのラヴィオリ、さつまいものソース

ラヴィオリでリンゴのコンポートを包んだ、なかば料理のようなデザート。
リンゴとさつまいもは好きな組み合わせだが、さつまいもの分量が多いと
味がくどくなるので、ポイント的に加えている。
リンゴとさつまいもの両方に合うバニラのパルフェは、
上に積む時の安定性を考え、強度を上げるためにゼラチンを加えた。

Ravioli à la pomme

リンゴのラヴィオリ

材料　8〜10人分

- **A** セモリナ粉 semoule ……120g
    米粉 farine de riz ……40g
    塩 sel ……3g
- 全卵 œufs ……80g
- 水 eau ……8g
- オリーブオイル huile d'olive ……10g
- 打ち粉（強力粉）farine forte ……適量
- 全卵（接着用）œufs ……適量
- リンゴのコンポート〈P179参照〉compote de pomme ……全量

作り方

1 Aは合わせてふるい、作業台に広げる。中央をあけて溶き卵を入れ、カードで周りの粉をすくいながら刻むようにして混ぜる。

2 ポロポロになったら水を加えて同様に混ぜ、オリーブオイルを加えて混ぜる。

3 小石ほどの粒状になったら手でひとまとまりにし、手前から奥に押しながらこねる。白いところがなくなったら丸めてラップに包み、夏は常温で、冬は冷蔵庫で1時間ほど寝かせる。

4 作業台に打ち粉をして1〜2mm厚さに麺棒で伸ばし、直径6cmのセルクルで抜く。

5 接着用の溶き卵に水適量を混ぜ、表面に刷毛で塗り、中央にリンゴのコンポートを4gずつ絞る。生地を半分に折ってから端同士をつける。

Compote de pomme
リンゴのコンポート

材料　8〜10人分

さつまいも patate douce ……50g

リンゴ（紅玉） pomme(Kogyoku) ……1個

A｜リンゴジュース（100%） jus de pomme ……80g
　｜レモン汁 jus de citron ……15g
　｜グラニュー糖 sucre ……20g
　｜バター beurre ……20g

作り方

1 さつまいもはオーブンで焼いて中まで火を通し、皮ごと5mm角に切っておく。

2 リンゴは皮をむいて5mm角に切る。鍋に入れて**A**を加え、焦がさないように混ぜながら煮る。

3 リンゴが透き通って水分がなくなってきたら、ハンドブレンダーで半量ほど撹拌する。

4 さつまいもを加えて軽く煮てなじませ、冷ます。

Sauce à la patate douce
さつまいものソース

材料　4〜5人分

さつまいも patate douce ……35g

牛乳 lait ……50g

生クリーム（35%） crème liquide 35% MG ……50g

三温糖 sucre roux ……10g

作り方

1 さつまいもは皮ごとオーブンで焼いて中まで火を通し、皮をむく。

2 ボウルに**1**、他の材料を入れ、ハンドブレンダーでなめらかになるまで撹拌する。

3 フライパンに**2**を移し、ひと煮立ちさせる。

Pomme marinée

リンゴのマリネ

材料　4〜5人分

リンゴ（紅玉） pomme (Kougoku) ……1/2個

A ｜ シロップ（グラニュー糖と水を1:2の割合で煮溶かし冷ましたもの） sirop ……40g
　　｜ レモン汁 jus de citron ……5g
　　｜ レーズン raisin noir secs ……適量

作り方

1 リンゴは皮ごとせん切りにする。

2 ボウルに**A**、1を入れてあえ、ラップをして冷蔵庫でしんなりするまでおく。

Parfait à la vanille

バニラのパルフェ

材料　4〜5人分

A ｜ 卵黄 œufs ……50g
　　｜ グラニュー糖 sucre ……40g
　　｜ 牛乳 lait ……34g
　　｜ バニラビーンズ gousse de vanille ……1/8本分

板ゼラチン gélatine en feuille ……1g

生クリーム（35%） crème liquide 35% MG ……100g

作り方

1 板ゼラチンは氷水で戻しておく。

2 サバイヨンを作る。ボウルに**A**を入れて湯煎にかけ、泡立て器で混ぜながら60℃くらいまで温める。

3 生地がとろっとしてきたら湯煎から外し、水気を絞ったゼラチンを入れて混ぜ溶かす。ハンドミキサーにかけて冷ます。

4 生クリームは八分立てにし、3と合わせて手早く混ぜる。保存容器に入れて冷凍庫で冷やし固める。

[[組み立て・盛り付け]]

材料　仕上げ用

リンゴのチップス* chips de pomme ……1人分につき2枚

* リンゴは皮つきのまま1mm以下の薄さの半月形にスライスし、軸と種のある部分は切り落とす。リンゴのマリネ〈P180〉の材料Aと同じものに浸し、しんなりしたら水気をきってベーキングシートを敷いた天板に並べ、100℃のオーブンで2時間、乾燥焼きにする。温かいうちにひねって成形する。

1 鍋に湯を沸かし、ラヴィオリを2〜3分ゆでる。

2 さつまいものソースはフランパンで温め、水気をきった1を加えてからめる。盛り付け用の器に入れる。

3 2の上に、リンゴのマリネ、クネルにとったパルフェの順に盛る。パルフェにリンゴのチップスを2枚さす。

Soufflé à la pomme et crème glacée au caramel gingembre

リンゴのスフレ、キャラメルのアイスクリーム、生姜の香り

冬の定番、スフレのリンゴバージョン。
果肉をくり抜いてリンゴの皮をカップ代わりにし、丸ごと食べられるようにした。
皮に水分が含まれているため、スフレの膨らみ方は、器で作る時に比べて小さくなるが、
皮の酸味とキャラメルアイスのほろ苦さ、そして生姜の香りが奏でるハーモニーは、
このデザートならではの味わいだ。

Soufflé à la pomme

リンゴのスフレ

材料 8〜10人分

- リンゴ（紅玉）pomme (Kougoku) ……2個
- **A** 卵黄 jaunes d'œufs ……12g
    コーンスターチ fécule de maïs ……2g
    シナモンパウダー poudre de cannelle ……0.2g
- ブランデー brandy ……3g
- **B** 卵白 blancs d'œufs ……30g
    三温糖 sucre roux ……15g
- パータ・ジェノワーズ〈P184参照〉pâte à génoise ……4枚

作り方

1 リンゴは横半分に切ってラップで包み、電子レンジ（1000W）で1分加熱する。まわりが少しやわらかくなったら取り出し、余熱で火を通す。

2 リンゴの皮から5〜7mm内側に時々ナイフを入れながら、中身をスプーンでくり抜き、種と芯も取り除いて、皮の器を作る（芯を除く際に底にあく穴は最小限にとどめる）。

3 取り出した中身60gはハンドブレンダーにかけて粗めのピューレにし、鍋で温める。

4 ボウルに**A**を入れ、泡立て器ですり混ぜる。**3**のピューレの半量を加えて混ぜ、それを鍋に戻し、絶えず混ぜながら加熱する。もったりしてきたらボウルに移し、ブランデーを加える。

5 別のボウルに**B**を入れてハンドミキサーにかけ、ツノがピンと立つメレンゲを作る。**4**が温かいうちに3回に分けて加え、泡立て器で手早く混ぜる。

6 皮の器の下にベーキングシートを敷き、天板に並べる。皮の器の底にパータ・ジェノワーズを敷き、**5**のスフレ生地を、皮のふちにつかないようにして、山のようにこんもりと絞り入れる。

7 150℃に予熱したオーブンで18分ほど焼く。

Pâte à génoise

パータ・ジェノワーズ

材料　30×40cmの天板1枚（50人分）

- **A** ｜ 全卵 œufs ……120g
  ｜ グラニュー糖 sucre ……54g
  ｜ ハチミツ miel ……10g
- 薄力粉 farine faible ……67g
- 牛乳 lait ……25g

作り方

1
ボウルに**A**を入れ、生地がリボン状に落ちるようになるまでハンドミキサーでよく泡立てる。

2
ふるった薄力粉を**1**に少しずつ加えてゴムべらで混ぜ、牛乳を加えて手早く混ぜる。

3
30×40cmの天板にベーキングペーパーを敷いて**2**の生地を流し入れ、表面を平らにならし、たたいて空気を抜く。

4
180℃に予熱したオーブンで15分ほど焼き、冷ます。直径5cmのセルクルで抜く。

Crème glacée au caramel

キャラメルのアイスクリーム

材料　6人分

- グラニュー糖 sucre ……50g
- 生クリーム（38%） crème liquide 38% MG ……50g
- 牛乳 lait ……150g
- 生姜 gingembre ……12g
- 卵黄 jaunes d'œufs ……40g
- グラニュー糖 sucre ……20g

作り方

1
フライパンに50gのグラニュー糖をふり入れて加熱し、キャラメル色になったら、生クリームを加えて混ぜる。牛乳、みじん切りにした生姜を加えて温める。

2
ボウルに卵黄を入れてほぐし、20gのグラニュー糖を加えて泡立て器で混ぜる。**1**を加えて混ぜ、フライパンに戻して中火にかけ、混ぜながら83℃まで温める。

3
ボウルに移して底を氷水に当てて冷やし、ラップをして冷蔵庫で1日寝かせる。

4
漉し、アイスクリームマシンにかける。

Sauce au caramel gingembre

キャラメルジンジャーソース

材料　作りやすい分量

グラニュー糖 sucre ……50g
水 eau ……80g
生姜 gingembre ……10g

作り方

1
フライパンにグラニュー糖をふり入れて加熱し、キャラメル色になったら水を加えてのばす。

2
細かく切った生姜を入れて温め、漉す。

〚 組み立て・盛り付け 〛

材料　仕上げ用

粉糖 sucre glace ……適量

1
盛り付け用の皿にキャラメルジンジャーソースで線を描き、アイスの滑り止めとして、余ったパータ・ジェノワーズを崩して少量を盛る。

2
スフレを焼き始めて15分経ったら、キャラメルのアイスクリームをクネルにとって1のパータ・ジェノワーズの上に盛る。焼きたてのスフレを皿の上に置き、粉糖をふる。

Soufflé à la pomme et crème glacée au caramel gingembre

冬のフルーツ 2

イチゴ
fraise

露地ものは3月〜4月が旬だが、クリスマスやバレンタインなどで需要が増える冬場からハウスものが多く出回り始める。甘酸っぱくて食べやすいイチゴは、見た目も可愛らしくデザート映えするフルーツ。選ぶ時は赤色が均一でハリとツヤがあり、ヘタが緑色で乾いていないものを。水気に弱いので使う直前に洗い、傷みやすいためなるべく早く使う。後で加工するものは冷凍保存しておいても。

［出回り期］

Tarte chocolat / fraise

タルトショコラ・フレーズ

バレンタイン向けに考案したデザート。
チョコレートをメインに、ソルベとソースはフレッシュのイチゴを使って贅沢に。
見た目ほど甘くなく、チョコレートのビターなおいしさが引き立つ一皿。
さくさくのサブレショコラと、しっとりとしたアパレイユの食感、
そして上に飾ったフレッシュのイチゴのみずみずしさがポイントだ。

Sablé au chocolat

サブレショコラ

材料　12人分

バター beurre 95g
粉糖 sucre glace 50g
全卵 œufs 20g
アーモンドパウダー poudre d'amande 15g

A ｜ 薄力粉 farine faible 100g
　 ｜ 強力粉 farine forte 23g
　 ｜ カカオパウダー poudre de cacao 15g

作り方

1 バターは室温に戻してポマード状に練り、粉糖を加えて混ぜる。溶き卵、アーモンドパウダーの順に加え、そのつどゴムべらで混ぜる。

2 ふるったAを加えて切るようにして混ぜ、ひとまとめにする。

3 ベーキングシートを敷いた天板の上に、2を細かくちぎって散らし、150℃に予熱したオーブンで15分ほど焼く。取り出し、天板ごと冷ます。

Appareil à tarte chocolat

タルトショコラのアパレイユ

材料　10人分

A ｜ クーベルチュール・ノワール couverture chocolat noir 100g
　 ｜ カカオマス pâte de cacao 50g

牛乳 lait 120g
サワークリーム crème fraîche 150g
全卵 œufs 60g

作り方

1 ボウルにAを入れ、湯煎で溶かす。沸騰させた牛乳を加えてよく混ぜ、サワークリームを加えて50℃ほどまで冷ます。

2 全卵は溶きほぐして漉し、1に加えて混ぜる。

3 直径6.5cmのタルトリングそれぞれにベーキングペーパーを敷き、天板にのせる。2のアパレイユを1cm高さまで絞り入れ、天板を軽く落として空気を抜く。

4 200℃に予熱したオーブンに3を入れて火を止め、そのまま10分おいて余熱で火を通す。軽く揺すり、中央にシワができなければ焼き上がり。そのまま冷ましてタルトリングを外し、冷凍庫で保存する。

Crème chocolat / praliné
クレームショコラ

材料　5人分

クーベルチュール・ノワール　couverture chocolat noir ……30g
プラリネ　praliné ……20g
生クリーム（45％）　crème liquide 45% MG ……120g

作り方

1 ボウルにクーベルチュールとプラリネを入れ、湯煎で溶かす。

2 生クリームは八分立てにし、1に加えて混ぜ合わせる。冷蔵庫で冷やし固める。

Sorbet à la fraise
イチゴのソルベ

材料　8人分

牛乳　lait ……100g
グラニュー糖　sucre ……40g
水飴　glucose ……40g
イチゴ　fraise ……200g
レモン汁　jus de citron ……4g
イチゴのオードヴィー　eau de vie de fraise ……7g

作り方

1 鍋に、牛乳、グラニュー糖、水飴を入れて煮立たせ、冷ます。

2 イチゴはレモン汁、オードヴィーとともにハンドブレンダーにかけ、ピューレにする。

3 ボウルに、1、2を入れ、混ぜ合わせる。アイスクリームマシンにかける。

Tuile chocolat au lait
ミルクチョコレートのチュイール

材料　作りやすい分量

A グラニュー糖　sucre ……120g
　　水　eau ……40g
　　水飴　glucose ……100g

クーベルチュール・オレ　couverture chocolat au lait ……100g

作り方

1 鍋にAを入れて150℃になるまで混ぜながら煮詰め、クーベルチュールを加えて混ぜながら溶かす。

2 シルパットの上に、1を薄く伸ばし、そのまま冷ます。

3 2が固まったらミルにかけ、パウダー状にする。天板の上にシルパットを敷き、下が見えなくなるまでふるう。

Tarte chocolat fraise

4 オーブンを220℃に予熱し、3を入れて火を止める。そのまま8〜10分おいて余熱で溶かす。

5 取り出して上にベーキングペーパーをかぶせ、ペーパーごと裏返してそのまま冷ます。

6 シルパットをはがし、大きめに崩す。

〚 組み立て・盛り付け 〛

材料　仕上げ用

チョコレートソース sauce au chocolat ……適量

イチゴ fraise ……適量

イチゴソース*1 sauce à la fraise ……適量

ブラックチョコレートの飾り*2 décor en chocolat ……適量

*1　イチゴをハンドブレンダーでピューレ状にして好みでグラニュー糖を加え、イチゴの角切りとあえたもの。

*2　グラシンペーパーなどで作ったコルネに、テンパリングしたブラックチョコレートを入れ、フィルムの上に、縦、横、斜め、と線を描いてプレート状にし、固めたもの。

1 タルトショコラのアパレイユは解凍しておく。盛り付け用の皿に直径8cmのタルトリングを置き、中に滑り止め用のチョコレートソースをたらす。

2 チョコレートソースの上に、粗く砕いたサブレショコラを5mmほどの高さまで敷き詰め、解凍したアパレイユを重ねる。

3 ソルベとクレームショコラをそれぞれクネルにとって2に盛り、5mm幅にスライスしたイチゴを見栄えよく盛る。タルトリングを外す。

4 周りにイチゴソースを敷く。ソルベとクレームショコラに、チョコレートの飾りと、ミルクチョコレートのチュイールをさす。

Cadeaux de Noël
クリスマスの贈りもの

クリスマスの朝、起きると、ツリーの下にたくさんのプレゼントが置いてある——。
そんな幸せな光景をデザートに表現した。
華やかなクリスマスカラーを意識し、ケークショコラとピスタチオのババロワ、
キルシュのムースで作ったクリスマスツリーの下に、ソルベやソース、
フレッシュのベリー系フルーツをふんだんに盛り合わせた。

Cake au chocolat

ケークショコラ

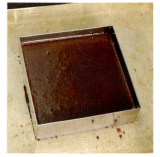

材料　15cm四方のキャドル1枚（15人分）

バター beurre 37g
グラニュー糖 sucre 27g
全卵 œufs 37g
アーモンドパウダー poudre d'amande 10g
ヘーゼルナッツパウダー poudre de noisette 4g

牛乳 lait 3g
A｜薄力粉 farine faible 17g
　｜カカオパウダー poudre de cacao 17g
卵白 blancs d'œufs 44g
グラニュー糖 sucre 16g

作り方

1 バターは室温に戻し、練ってポマード状にする。グラニュー糖を加え、泡立て器で混ぜて空気を含ませる。

2 全卵を少しずつ加えて混ぜ、アーモンドパウダー、ヘーゼルナッツパウダー、牛乳、合わせてふるった**A**の順に加え、そのつど混ぜる。

3 メレンゲを作る。卵白を泡立てグラニュー糖を加え、軽くツノが立つくらいまで泡立てる。**2**の中に少量加えてなじませ、残りを2回に分けて加え、ヘラで手早く混ぜる。

4 ベーキングシートを敷いた天板に15cm四方のキャドルを置き、**3**を流し入れる。180℃に予熱したオーブンで10分ほど焼く。キャドルを外し、天板にのせたまま冷ます。

Cranky noisette

クランキーノワゼット

材料　15人分

クーベルチュール・オレ couverture chocolat au lait 50g
ヘーゼルナッツペースト pâte de noisette 9g
ロイヤルティーヌ royaletine 44g

作り方

1 ボウルにクーベルチュールとヘーゼルナッツペーストを入れ、湯煎にかけながら混ぜ溶かす。

2 ロイヤルティーヌを加えてよく混ぜる。

3 15cm四方のキャドルを平らなバットなどにのせてケークショコラ〈上記参照〉を入れ、上に**3**を広げて平らにならす。そのまま冷蔵庫で冷やし固める。

Ganache

ガナッシュ

材料　15人分

クーベルチュール・ノワール couverture chocolat noir 66g
生クリーム（38%） crème liquide 38% MG 66g

作り方

1 ボウルにクーベルチュールを入れ、沸騰させた生クリームを加えてゴムべらでなめらかになるまでよく混ぜる。

2 クランキーノワゼット〈上記参照〉の上に流し入れ、冷蔵庫で冷やし固める。

Bavaroise à la pistache

ピスタチオのババロワ

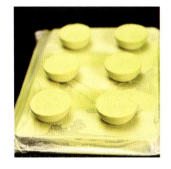

材料　直径4cmの半球型フレキシパン20個分

牛乳 lait ……100g
ピスタチオ pistache ……9g
卵黄 jaunes d'œufs ……20g
グラニュー糖 sucre ……20g
板ゼラチン gélatine en feuille ……2.5g
ピスタチオペースト pâte de pistache ……15g
生クリーム（38%） crème liquide 38% MG ……150g

ピストレ用
　クーベルチュールホワイト couverture chocolat blanc ……150g
　カカオバター beurre de cacao ……150g
　チョコ用緑色粉 colorant vert ……7.5g

作り方

1
板ゼラチンは氷水で戻しておく。鍋に牛乳と刻んだピスタチオを入れ、80℃くらいまで温める。

2
ボウルに卵黄とグラニュー糖を入れて混ぜ合わせる。1の牛乳を半量入れてなじませ、それを鍋に戻して全体を混ぜる。中火にかけ、ゴムべらで混ぜながら83℃まで温める。

3
ヘラですくって指で線が描ける程度にとろみがついたら漉し、漉し器に残ったピスタチオをヘラで押してエキスを出す。

4
温かいうちに、水気を絞ったゼラチン、ピスタチオペーストを加えて混ぜ、ハンドブレンダーでなめらかになるまで混ぜる。底を氷水に当て、ヘラで混ぜながら15〜16℃まで冷やす。

5
生クリームを八分立てにし、4と合わせる。

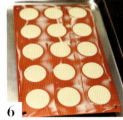

6
直径4cmの半球型フレキシパンに絞り入れ、パレットナイフで余分なババロワを除きながら、平らにならす。冷凍庫で冷やし固める。

7
ピストレ用の材料をすべて耐熱容器に入れ、湯煎か電子レンジで溶かし、漉す。

8
6のババロワを型から取り出し、薄い板などに丸い面を下にして並べる。飛び散らないように段ボールで囲い、7を専用のマシンに入れてピストレする*。

* マシンの冷たさでチョコレートが固まってしまうのを防ぐため、チョコレートは45〜50℃に温めてからマシンに入れる。

Sorbet à la fraise

イチゴのソルベ

材料　10人分

A｜水 eau ……200g
　｜グラニュー糖 sucre ……66g
　｜水飴 glucose ……66g

イチゴ fraise ……280g
グラニュー糖 sucre ……50g
レモン汁 jus de citron ……50g

作り方

1 鍋にAを入れ、混ぜながら煮溶かす。ボウルに移し、底を氷水に当てて冷やす。

2 イチゴ、グラニュー糖、レモン汁を合わせ、ハンドブレンダーにかけてピューレにする。

3 1に2を加えて混ぜ、アイスクリームマシンにかける。

Mousse au kirsch

キルシュのムース

材料　30人分

牛乳 lait ……150g
水 eau ……50g

A｜グラニュー糖 sucre ……10g
　｜ジュレ・デセール* gelée dessert ……16g

キルシュ kirsch ……18g

*　フランス製の粉末状の凝固剤。ゼラチンよりなめらかに仕上がり、直接加えることができるため作業性がよい。

作り方

1 鍋に牛乳と水を入れ、80℃くらいまで温める。火を止め、混ぜ合わせたAを加え、よく混ぜる。

2 ボウルに移し、底を氷水に当てて粗熱を取る。

3 キルシュを加え、底を冷やしながらハンドミキサーで七分立てにする。固まる前に絞る。

Sauce à la framboise

フランボワーズソース

材料　作りやすい分量

フランボワーズピューレ purée de framboise ……100g
グラニュー糖 sucre ……10g

作り方

1 鍋にすべての材料を入れて沸騰させ、グラニュー糖を溶かす。火を止めてそのまま冷ます。

〖 組み立て・盛り付け 〗

材料 仕上げ用

プラケット・ショコラ*（直径5cmの円形） plaquette chocolat ……1人分につき1枚

金箔 feuille d'or ……適量

イチゴ、ブルーベリー、フランボワーズなどのベリー類 fruits rouges ……適量

粉糖 sucre glace ……適量

* イチゴはヘタがついたまま飾り切りするとボリューム感が出る。4〜5mm間隔で切り目を入れ、斜めにずらして切り目を見せる。

1 ケークショコラ、クランキーノワゼット、ガナッシュを重ねて冷凍したものは、直径5cmの丸型で抜き、解凍する。

2 プラケット・ショコラの上に、ピストレしたピスタチオのババロワをのせる。1.1cmの丸口金をつけた絞り袋にキルシュのムースを入れ、ババロワの上に山型に絞り出す。

3 金箔を指に取り、軽く息を吹きかけながら**2**に全体に散らす。

4 ベリー類を見栄えよくカットし*、**1**とともに皿に盛り合わせる。ソルベの滑り止め用として、細かく切ったイチゴを小さく盛る。

5 皿のあいたところに2〜3ヵ所、フランボワーズソースで大小のドットを描く。

6 **3**を**1**の上にのせる。滑り止め用のイチゴの上に、クネルにとったソルベをのせ、粉糖をふる。

Cadeaux de Noël | 195

Courronne de Noël

クリスマスリース

デザート名の通り、クリスマスのリースをイメージして作ったもの。老若男女が好きなシュー生地をリング状に焼いてリースに見立て、中にイチゴのアイスクリームを絞り入れた。ベーシックなパーツだが、盛り付けで工夫して"見せる"デザートに。バルサミコ酢はなるべく良質なものを選ぶと、味に深みが出る。

Pâte à choux

シュー生地

材料 直径8×高さ1.5cmのタルトリング7〜8個分

A
牛乳 lait ……100g
水 eau ……100g
バター beurre ……90g
グラニュー糖 sucre ……8g
塩 sel ……4g

薄力粉 farine faible ……120g
全卵 œufs ……200g

作り方

1 鍋に**A**を入れて火にかける。沸騰したら火を止め、ふるった薄力粉を加えてヘラで手早く混ぜる。

2 ひとまとまりになったら再び火にかけて余分な水分を飛ばし、鍋底に薄い膜が張るようになったらボウルに移す。

3 溶いた全卵を少しずつ加えて混ぜる。

4 ベーキングシートを敷いた天板に、直径8×高さ1.5cmのタルトリングを置く。11mmの口金をつけた絞り袋で、3の生地をタルトリングの内側にリング状に絞り出す。霧吹きで表面を濡らし、絞り終わりを指先で整える。

5 180℃に予熱したオーブンで35分ほど焼く。取り出して冷ます。

Marmelade de fraise

イチゴのマルムラード

材料 作りやすい分量

イチゴ fraise ……250g
グラニュー糖 sucre ……25g
バター beurre ……10g

作り方

1 イチゴは7〜8mm角に切る。

2 鍋にイチゴ、グラニュー糖、バターを入れて火にかけ、水分がなくなるまで煮詰める。

3 ボウルに移し、底を氷水に当てて冷やす。これでマルムラードの完成。

4 80gはイチゴのアイスクリーム〈P198参照〉に使い、残りは仕上げ用にフィルムで作ったコルネに詰めておく。

Crème glacée à la fraise

イチゴのアイスクリーム

材料　8人分

イチゴ　fraise 200g
水飴　glucose 8g
卵黄　jaunes d'œufs 20g
グラニュー糖　sucre 50g
牛乳　lait 50g
生クリーム（38％）crème liquide 38% MG 50g
イチゴのマルムラード〈P197参照〉...... 80g

作り方

1 イチゴはハンドブレンダーにかけ、ピューレにする。鍋に移して水飴を加え、60〜70℃に温めて水飴を溶かす。あまり高温で温めるとイチゴの色が飛んでしまうので注意。

2 ボウルに卵黄とグラニュー糖を入れてすり混ぜ、牛乳と生クリームを加えて混ぜる。1を半量入れてなじませ、それを鍋に戻して全体を混ぜる。中火にかけ、ヘラで混ぜながら83℃まで温める。

3 ヘラですくって指で線が描ける程度にとろみがついたら、ボウルに移し、ハンドブレンダーでなめらかになるまで混ぜる。底を氷水に当てて冷やし、アイスクリームマシンにかける。出来上がったらイチゴのマルムラードを加えて混ぜる*。

＊　国産のイチゴは外国産に比べて色味が薄く、加熱後に色が褪せやすいので、このレシピのように仕上げにマルムラードを足して発色を補うとよい。

Sauce à la fraise

イチゴのソース

材料　作りやすい分量

冷凍イチゴ（ホール）fraise surgelée 250g
グラニュー糖　sucre 38g
レモン汁　jus de citron 15g

A ┤グラニュー糖　sucre 12g
　　 │ペクチンNH　pectine NH 1g

作り方

1 耐熱ボウルに冷凍イチゴを入れて自然解凍する。グラニュー糖、レモン汁を加えてラップをし、弱火の湯煎にかける*。

2 イチゴが退色してきたら、つぶさないようにザルに上げ、できれば半日ほどそのまま置いて果汁をすべて落とす。

3 鍋に果汁を入れて火にかけ、沸騰したら、混ぜ合わせたAを加える。

＊　真空調理で作る場合：真空調理用の袋に冷凍イチゴ、グラニュー糖、レモン汁を入れ、真空包装器でパック内の空気を抜き、90℃のスチームオーブンでイチゴの果汁が出るまで20分ほど加熱する。

Crème chantilly

クレームシャンティー

材料 6人分

生クリーム（35%） crème liquide 38% MG ……100g

粉糖 sucre glace ……10g

バニラビーンズ gousse de vanille ……1/8本分

作り方

1
ボウルにすべての材料を入れ、5〜6分立てにする。

Fraise poêlées

イチゴのポワレ

材料 4〜5人分

イチゴ fraise ……6粒

グラニュー糖 sucre ……20g

水 eau ……12g

バルサミコ酢 vinaigre de balsamique ……18g

作り方

1 盛り付けの直前に作る。イチゴはヘタを取り除く。フライパンにグラニュー糖をふり入れて加熱し、薄いキャラメル色になったら水を加え、混ぜながら溶かす。

2 バルサミコ酢を加えて混ぜ、イチゴを加えて手早く煮からめる。

〖 組み立て・盛り付け 〗

材料 仕上げ用

イチゴ fraise ……適量
フランボワーズ framboise ……適量
ブルーベリー myrtille ……適量
ホワイトチョコレートのプラケットショコラ* plaquette chocolat blanc ……1人分につき1枚
金箔 feuille d'or ……適量

* テンパリングしたホワイトチョコレートをフィルムの上に薄く伸ばし、固まる前に直径9cmと4cmのセルクルでリング状に型抜きしたもの。

1 仕上げ用のイチゴは、半割り、四つ割り、7mm角にそれぞれ切る。フランボワーズとブルーベリーは半量ほどを半割りにしておく。

2 プラケットショコラの上にイチゴのマルムラードを絞り、**1**のフルーツを見栄え良く盛って金箔を数ヵ所に飾る。冷蔵庫で冷やしておく。

3 シュー生地は下から1.5〜2cm高さで上部をカットし、中の気泡の壁をナイフで切る。絞り袋に11mmの丸口金をつけ、イチゴのアイスクリームを中に絞り入れる。

4 盛り付け用の皿に、フライパンに残ったポワレのソースで線を描き、**3**のシューをのせる。

5 シューの穴にクレームシャンティーを入れ、**2**を重ねる。

6 皿のあいたところにイチゴのポワレを盛り、バランスをみてイチゴのソースでドットを描く。

冬から春にかけて多く出回る柑橘類の中から、相性のよいものを2種使ってデザートに。黄色のハッサクと橙色のみかんの色の取り合わせも美しい。手に入れやすい温州みかんは、小ぶりで外皮が薄く、外皮と実の間がフカフカと浮いていないものが良質。ハッサクは酸味と軽い苦味があるので、目指す味に合わせて分量を微調整するとよい。

［出回り期］
1月 2月 3月 4月 5月 6月 7月 8月 9月 10月 11月 12月

冬のフルーツ 3

ハッサクとミカン
Hassaku et clémentine

Une sphère d'agrumes et cacahouètes

柑橘とピーナッツのスフェア

意外かもしれないが、柑橘とピーナッツは相性がよい。スフェアは「球体」の意。球体のムースは、まず半球の中に、ピーナッツのスフレと焼いた柑橘を入れてから、断面同士を接着させたもの。旬の味を楽しんでほしくてフレッシュの柑橘をそのまま添えた。エミュルションは繋ぎの役割。全体にかけて食べると、味にまとまりが出る。

Soufflé à la cacahouète

ピーナッツのスフレ

材料　直径5cmの半球型フレキシパン10個（10人分）

牛乳 lait ……90g

卵黄 jaunes d'œufs …… 43g

グラニュー糖 sucre ……10g

薄力粉 farine faible ……10g

ピーナッツバター beurre cacahouète ……70g

A｜卵白 blancs d'œufs ……60g
　｜グラニュー糖 sucre ……20g

作り方

1 鍋に牛乳を入れ、沸騰直前まで温める。

2 ボウルに卵黄とグラニュー糖を入れて白っぽくなるまで泡立て器ですり混ぜ、薄力粉を加える。1を加えて混ぜ合わせ、それを漉しながら鍋に戻す。

3 中火にかけて混ぜ、半分ほど固まってきたら火を止め、余熱でカスタード状になるまで火を通す。

4 ボウルに移し、熱いうちにピーナッツバターを加えて混ぜる。この時、混ぜすぎると、ピーナッツの油脂が出てきてしまうので手早く行う。

5 別のボウルに**A**を入れてハンドミキサーで泡立て、軽くツノが立つくらいのメレンゲを作る。1/4量ずつ4に加え、そのつど泡立て器でメレンゲをつぶさないように混ぜる。

6 絞り袋に5を入れ、直径5cmの半球型フレキシパンに絞り、表面をパレットナイフで平らにならす。

7 140℃に予熱したオーブンで10〜15分焼く。触ってみて、弾力を感じたら焼き上がりの合図。取り出し、型のまま冷凍庫で冷やす。

Mousse aux agrumes

ハッサクとミカンのムース

材料　直径5cmの半球型フレキシパン20個（10人分）

ハッサクとミカンの果汁 jus d'agrumes ……400g

板ゼラチン gélatine en feuille ……7g

ハッサクとミカンの表皮のすりおろし zeste d'agrumes râpés ……合わせて1/4個分

コアントロー*1 cointreau ……8g

A ┃ 卵白 blancs d'œufs ……60g
　┃ グラニュー糖 sucre ……40g

生クリーム（38％） crème liquide 38% MG ……150g

ピーナッツのスフレ〈P203参照〉 soufflé à la cacahouète ……適量

柑橘のカルチエ（オーブンで焼いたもの*2） agrumes cuits ……適量

ピストレ用
　┃ ホワイトチョコレート chocolat blanc ……適量
　┃ カカオバター beurre de cacao ……適量

*1　オレンジの香りのリキュール。

*2　ハッサクとミカンのカルチエを3等分に切り、ベーキングシートを敷いた天板に並べ、粉糖をふり、140℃に予熱したオーブンで20分ほど焼いたもの。

作り方

1　板ゼラチンは氷水で戻しておく。鍋にハッサクとミカンの果汁を入れ、200gになるまで煮詰める。

2　果汁をボウルに移し、温かいうちに、水気を絞ったゼラチンと表皮のすりおろしを加え、混ぜ溶かす。底を氷水に当てて冷やし、コアントローを加える。

3　別のボウルにAを入れてハンドミキサーにかけ、軽くツノが立つくらいのメレンゲを作る。八分立てにした生クリームと合わせ、2に半量ずつ加えて混ぜる。

4　絞り袋に3のムースを入れ、直径5cmの半球型フレキシパンに半分の高さまで絞り入れる。

5　ムースの半分にピーナッツのスフレを入れ、残りの半分に、焼いた柑橘のカルチエを5gずつ入れる。ムースで表面を覆い、パレットナイフで平らにならして冷凍庫で冷やし固める。

6　フレキシパンから取り出し、断面に余ったムースを絞って断面同士を接着させ、球体に仕上げる。

7　ピストレ用の材料を同量ずつ合わせ、湯煎か電子レンジにかけて溶かす。飛び散らないように6を段ボールなどで囲い、専用のマシンでピストレする。

Nougatine

ヌガティーヌ

材料　作りやすい分量

A ｜ バター beurre ……200g
　｜ グラニュー糖 sucre ……200g
　｜ 水飴 glucose ……200g
　｜ 水 eau ……50g

ピーナッツ（粗く刻んだもの） cacahouètes hachées ……200g

作り方

1
鍋にAを入れて沸騰させ、ピーナッツを加えて混ぜる。火から下ろし、粗熱を取る。

2
シルパットを敷いた天板に1を流し、180℃に予熱したオーブンで15分ほど焼く。薄いキャラメル色になったら焼き上がり。

3
熱いうちに底辺2.5cm×高さ9cmの二等辺三角形に切り分ける。

Crème glacée au beurre de cacahouète

ピーナッツバターのアイスクリーム

材料　30人分

A ｜ 牛乳 lait ……400g
　｜ 生クリーム（38%） crème liquide 38% MG ……40g
　｜ 水飴 glucose ……30g
　｜ バター beurre ……24g

卵黄 jaunes d'œufs ……110g
グラニュー糖 sucre ……80g
ピーナッツバター beurre de cacahouète ……120g
アルマニャック armagnac ……40g

作り方

1
鍋にAを入れ、沸騰直前まで温める。

2
ボウルに卵黄を入れてほぐし、グラニュー糖を加えて泡立て器で混ぜる。Aを加えて混ぜ、鍋に戻して中火にかけ、混ぜながら83℃まで温める。

3
ボウルに漉し入れ、熱いうちにピーナッツバターとアルマニャックを加え、ハンドブレンダーでよく混ぜる。

4
ボウルの底を氷水に当てて冷やし、アイスクリームマシンにかける。

Emulsion cacahouète / chocolat

ピーナッツとチョコレートのエミュルション

材料　作りやすい分量

牛乳 lait ……200g
クーベルチュール・オレ couverturer chocolat au lait ……30g
クーベルチュール・ノワール couverture chocolat noir ……8g
ピーナッツバター beurre de cacahouète ……15g
クレームエペス* crème épaisse ……40g

* 軽い酸味のある発酵クリーム。

作り方

1 鍋に牛乳を入れて沸騰させ、細かく刻んだクーベルチュールとピーナッツバターを加え、よく混ぜて溶かす。

2 クレームエペスを加え、弱火で温める。煮立たせるとクレームエペスの酸味が飛んでしまうので注意。

3 火を止め、ハンドブレンダーできめ細かく泡立たせる。

[組み立て・盛り付け]

材料　仕上げ用

ハッサクとミカンのカルチエ quartiers d'agrumes ……適量
ハッサクの皮のコンフィ* confit de zeste de Hassaku ……適量
金箔 feuille d'or ……適量

* ハッサク1個の皮をピーラーで薄くむいて白い部分を除き、せん切りにしてさっとゆでる。鍋にシロップ200g（水100g、グラニュー糖100g）とともに入れ、ごく弱火にかけ、皮が透き通ったら火を止めてそのまま冷ます。

1 盛り付け用の皿に崩したヌガティーヌを小さく盛り、横に球体のムースを置く。

2 直径3cmのセルクルを置き、中に、細かく刻んだハッサクとミカンのカルチエを敷く。セルクルを外し、余ったカルチエとハッサクの皮のコンフィを飾る。

3 バーナーで熱したナイフでムースに軽く切り目を入れ、ヌガティーヌをさす。2のカルチエに金箔を飾り、耐熱ガラスのカップにエミュルションを入れて添える。ヌガティーヌの上にアイスクリームをのせる。

Financier d'agrumes et sorbet à la menthe

柑橘香るフィナンシェ、ミントのソルベ

クラシックなフランス菓子、フィナンシェを皿盛りデザートにアレンジ。
焦がしバターたっぷりのフィナンシェと、クレームフロマージュを重ねた土台は
油脂分が多いので、あっさり系のミントのソルベを合わせた。
ハッサクとミカンは、フレッシュとコンフィチュールで使用。
爽やかな中にハッサクの苦味が効いた大人の味わいになった。

financier

フィナンシェ

材料　3×12cmのフィナンシェ型10個分

A｜粉糖 sucre glace ……66g
　｜強力粉 farine forte ……24g
　｜アーモンドパウダー poudre d'amande ……24g

卵白 blanc d'œufs ……57g
焦がしバター* beurre noisette ……54g

* 鍋にバターを入れて火にかけ、ときどき鍋を回しながら焦がしたもの。パチパチした音がしなくなり、茶色く色づいて香ばしい香りが立ったら完成。余熱で加熱が進まないように、すぐにボウルに移す。卵白が固まらない程度に冷ましてから使うが、冷めすぎると分離するので注意。

作り方

1 Aは合わせてふるい、ボウルに入れる。卵白を加えて泡立て器で混ぜ、焦がしバターを加えてよく混ぜ合わせる。

2 バター（分量外）を塗ったフィナンシェ型を天板に置き、**2**をふちから1〜2mm下まで絞り入れる。上から天板を落として空気を抜く。

3 210℃に予熱したオーブンで10分ほど焼く。型から取り出して冷ます。

Confiture d'agrumes

柑橘のコンフィチュール

材料　作りやすい分量

ハッサク Hassaku ……1個
ミカン clémentine ……1個
グラニュー糖 sucre ……フルーツの重量の50%
レモン汁 jus de citron ……フルーツの重量の10%
バニラビーンズ（2番さや）gousse de vanille usée ……1本

作り方

1 ハッサクとミカンは皮つきのまま2回湯通し、薄切りにする。

2 鍋に、**1**、他の材料を入れて煮る。透き通ってきたら弱火にし、とろみがつくまで煮詰める。

Crème fromage
クレームフロマージュ

材料　4人分

クリームチーズ　cream cheese ……38g

A　ミカンの表皮のすりおろし　zeste de clémentine râpé ……1/8個分
　　ハチミツ　miel ……8g

生クリーム（35%）　crème liquide 35% MG ……75g

作り方

1　クリームチーズは室温に戻し、Aを加えて混ぜる。

2　生クリームは八分立てにし、1と合わせる。

Tuile
チュイール

材料　10人分

オレンジジュース（100%）　jus d'orange ……17g
グラニュー糖　sucre ……25g
薄力粉　farine faible ……10g
溶かしバター　beurre fondu ……18g

作り方

1　ボウルにオレンジジュースを入れ、グラニュー糖、薄力粉、溶かしバターの順に加え、そのつどよく混ぜ合わせる。シルパットを敷いた天板に流す。

2　170℃に予熱したオーブンで15分ほど焼く。温かいうちに4×8cmの長方形に切り分け、冷ます。

Sorbet à la menthe
ミントのソルベ

材料　8人分

A　水　eau ……200g
　　グラニュー糖　sucre ……100g
　　コンデンスミルク　lait concentré ……20g

生クリーム（38%）　crème liquide 38% MG ……30g
レモン汁　jus de citron ……25g

ミント　menthe fraîche ……5g
仕上げ用のミント　feuilles de menthe fraîche ……1g

作り方

1　鍋にAを入れて沸騰させ、火を止め、ミントを加える。フタをして15分蒸らす。

2　ボウルに漉し入れ、底を氷水に当てて冷やす。生クリーム、レモン汁を加えて混ぜ、アイスクリームマシンにかける。

3　仕上げ用のミントは葉を細かく切り、出来上がったソルベに加え、ハンドブレンダーで混ぜる。冷凍庫で冷やし固める。

〚 組み立て・盛り付け 〛

材料　仕上げ用

ハッサクとミカンのカルチエ quartiers d'agrumes ……適量
ミントの葉 feuilles de menthe ……適量

1 絞り袋に2.5cmの両目口金をつけてクレームフォロマージュを入れ、盛り付け用の皿に、滑り止めとして少量絞る。

2 1の上にフィナンシェを置き、その上に、波を前後に打つようにクレームフロマージュを絞り出す。

3 皿のあいたところに、柑橘のコンフィチュールを盛る。

4 2の上にチュイールを重ね、上にハッサクとミカンのカルチエを飾り、小さいクネルにとったソルベを2個盛る。

5 さらに、小さく切った柑橘のコンフィチュールをのせ、ミントの葉を飾る。

パイナップル

ルバーブ

とうもろこし

chapitre 5

autre

[その他＿通年・野菜]

パイナップルは酸味がしっかりあり、一年中、手に入れやすいのがいいところ。
季節の境目などで使うフルーツがない時におすすめだ。
ルバーブととうもろこしは野菜に分類される食材だが、
近年では日本でもデザートに使われることが多い。番外編としてレシピをいくつか掲載する。

その他 1

パイナップル
ananas

日本で出回っているパイナップルの多くがフィリピン産。全体が黄味を帯び、甘い香りがするものが食べ頃。追熟しないので、購入後は6〜8℃で保存を。お尻のほうが甘いため、葉を切り落として逆さに立てておくと、甘味が全体に行き渡る。タンパク質分解酵素が含まれており、フレッシュの状態ではゼラチンが固まらない。一度、火を通してからゼラチンと合わせること。

［出回り期］
1月 2月 3月 4月 5月 6月 7月 8月 9月 10月 11月 12月

Ananas rôti et crème au ricotta

パイナップルのロティ、リコッタクリーム

火を通してもおいしく、形が崩れず、ある程度の大きさがあるパイナップルは、ロティに最適だ。ロティの食べごたえとグラニテの軽さ、ローズマリーの香りとのバランスを考え、クリームは、リコッタチーズとカスタード、生クリームを合わせて濃いめにした。グラニテを盛ったシガレットが、食感のワンポイントになっている。

Ananas rôti

パイナップルロティ

材料 2人分

パイナップル ananas 約5cm

グラニュー糖 sucre 50g

バター beurre 40g

ローズマリー romarin 2本

レモン汁 jus de citron 12g

ダークラム rhum brun 20g

作り方

1 パイナップルは上下を落として皮をむき、1cm幅の輪切りを4枚作る。直径7cmのセルクルで抜く（余ったところはグラニテローズマリー〈P215〉に使う）。かたい芯の部分を直径2cmのセルクルで抜いて除く。

2 フライパンにグラニュー糖をふり入れて中火で溶かし、バターを加える。1とローズマリーを入れて火をやや強めて両面を焼き、レモン汁を入れ、ダークラムを加えてフランベする。

3 深みのある耐熱皿に移し、180℃に予熱したオーブンで20分ほど焼く。途中、2～3回裏返し、竹串がすっと通るようになったら焼き上がり。

Crème pâtissière

カスタードクリーム

材料 作りやすい分量

牛乳 lait 100g

バニラビーンズ gousse de vanille 1/8本

卵黄 jaunes d'œufs 20g

グラニュー糖 sucre 20g

薄力粉 farine faible 4g

コーンスターチ fécule de maïs 4g

作り方

1 鍋に牛乳とバニラビーンズを入れ、沸騰直前まで温める。

2 ボウルに卵黄とグラニュー糖を入れて白っぽくなるまですり混ぜ、薄力粉、コーンスターチを加えて混ぜる。

3 2に1を加えて混ぜ合わせ、漉して鍋に戻す。中火にかけ、絶えずヘラで混ぜながら、ツヤが出るまで炊く。

4 バットに移して乾かないようにラップをし、底を氷水に当てて冷やす。

Crème ricotta

リコッタチーズクリーム

材料　5〜6人分

板ゼラチン gélatine en feuille ……1g
カスタードクリーム〈P214参照〉crème pâtissière ……50g
リコッタチーズ ricotta ……60g
生クリーム(38%) crème liquide 38% MG ……50g

作り方

1
板ゼラチンは氷水で戻し、水気を絞って耐熱容器に入れ、カスタードクリームを少量加える。電子レンジにかけ、ゼラチンが溶けたら取り出してよく混ぜる。

2
1を残りのカスタードクリームと合わせ、リコッタチーズを加えて混ぜる。

3
生クリームは九分立てにし、半量ずつ2に加えて混ぜる。冷蔵庫で冷やす。

Granité au romarin

ローズマリーのグラニテ

材料　5〜6人分

水 eau ……150g
グラニュー糖 sucre ……50g
ローズマリー romarin ……2g
レモン汁 jus de citron ……15g
ダークラム rhum brun ……5g
パイナップル ananas ……適量

作り方

1
鍋に水、グラニュー糖、ローズマリーを入れて沸騰させ、火を止める。フタをして5分蒸らす。

2
1をボウルに濾し入れ、底を氷水に当てて冷やす。レモン汁、ダークラムを加えて混ぜ、冷凍庫で冷やし固める。

3
完全に固まったら、フォークで崩す。5mm角に切ったパイナップルを加え、混ぜる。

Pâte à cigarette

シガレット

材料　作りやすい分量

バター beurre ……20g
粉糖 sucre glace ……20g
卵白 blancs d'œufs ……20g
薄力粉 farine faible ……20g

作り方

1
バターは室温に戻してポマード状に練り、粉糖、卵白、薄力粉の順に加え、粉っぽさがなくなるまでよく混ぜる。

2
シルパットを敷いた天板に、5×23cmの長方形のシャブロン型を置き、1を流して表面を平らにならす。シャブロンを外す。

3
170℃に予熱したオーブンで15分ほど焼く。熱いうちに斜め半分に切り、麺棒などに巻いてカーブをつけ、冷ます。

〚 組み立て・盛り付け 〛

材料　仕上げ用

パイナップル ananas ……適量

1 シガレットの内側にグラニテを盛り、冷凍庫に入れておく。

2 盛り付け用の皿にパイナップルロティを置く。周りに、耐熱皿に残ったソースを敷き、5mm角に切ったパイナップルを散らす。

3 クネルにとったリコッタチーズクリームをロティに添え、ローズマリーを飾り、1を立てかける。

Crème brûlée au thym, fruits exotiques caramélisés

タイムのクレームブリュレ、トロピカルフルーツをのせて

それまで働いていた洋菓子店からレストランへ職場を移し、初めて自分で作った思い出のデザート。
同僚の料理人が即興でデザートを作るのを見て、大いに刺激された。
キャラメリゼは年中手に入りやすいパイナップルとバナナで。
温かいキャラメリゼと冷たいクレームブリュレ、そしてソルベの組み合わせ。
デザートの醍醐味の一つである冷温の温度差が楽しめる。

Crème brûlée au thym

タイムのクレームブリュレ

材料　6〜7人分

A
- 生クリーム（45%） crème liquide 45% MG ……300g
- 牛乳 lait ……50g
- タイム（枝付き） thym ……6g

グラニュー糖 sucre ……50g
卵黄 jaunes d'œufs ……72g

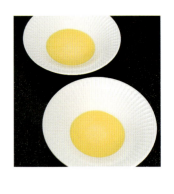

作り方

1 鍋に**A**、グラニュー糖の分量のうちスプーン1杯分を入れ、火にかける。沸騰したら火を止め、フタをして10分蒸らす。

2 ボウルに、卵黄、残りのグラニュー糖を入れて泡立て器で混ぜ、**1**を加えて混ぜる。漉し、漉し器に残ったタイムをヘラで押して香りを出す。

3 深みのある耐熱皿に70〜60gずつ流し入れ、ペーパーを表面に落として泡を取り除く。天板にのせ、湯をブリュレ生地の1/3〜1/2の高さまで注ぐ。

4 120℃に予熱したオーブンで25分ほど湯煎焼きにする。軽く揺すり、中央にシワができなければ焼き上がり。湯から出して粗熱を取り、冷蔵庫で冷やす。

Sorbet aux ananas

パイナップルソルベ

材料　5〜6人分

A
- 水 eau ……110g
- グラニュー糖 sucre ……65g
- 水飴 glucose ……30g

バナナ banane ……100g

B
- パイナップル ananas ……250g
- パイナップルジュース（100%） jus d'ananas ……200g
- ライム果汁 jus de citron vert ……40g

作り方

1 **A**でシロップを作っておく。ボウルに**B**を入れてハンドブレンダーで撹拌し、漉してパイナップルの繊維を除く。

2 **B**にバナナを加えて再度ハンドブレンダーにかけ、シロップを加えて混ぜる。味をみて、甘みが足りなければシロップ（分量外）を足す。アイスクリームマシンにかける。

Crumble
クランブル

材料　作りやすい分量

バター　beurre 30g
粉糖　sucre glace 30g
アーモンドパウダー　poudre d'amande 30g
薄力粉　farine faible 30g

作り方

1
ボウルに室温に戻したバターを入れ、ヘラで混ぜてポマード状にする。粉糖、アーモンドパウダー、薄力粉の順に加え、粉っぽさがなくなるまでよく混ぜる。

2
カードでざっとひとまとめにし、手で1cmほどの大きさにちぎり、ベーキングシートを敷いた天板に広げる。焼いた時に膨らまないように、そのまま15分ほどおいて乾燥させる。

2
160℃に予熱したオーブンで約15分焼く。天板を取り出してそのまま冷まし、手でほぐす。

Fruits exotiques caramélisés
トロピカルフルーツのキャラメリゼ

材料　4～5人分

パイナップル　ananas 約6cm
バナナ　banane 2本
バター　beurre 18g
タイム（枝付き）　thym 1g
グラニュー糖　sucre 40g
ダークラム　rhum brun 8g

作り方

1
パイナップルは上下を落として皮をむき、1cm厚さの輪切りを5枚作り、直径8cmのセルクルで抜く（余ったところはパイナップルソルベ〈P218〉に使う）。かたい芯の部分を直径2cmのセルクルで抜いて除き、8等分に切る。

2
バナナは皮をむいて一口大の乱切りにする。

3
フライパンにバターを溶かしてパイナップルとタイムを入れ、グラニュー糖をふって炒める。表面が茶色く色付いてきたら、バナナを加えてあおる。

4
ダークラムを加え、フランベする。

〖 組み立て・盛り付け 〗

材料 仕上げ用

タイム thym ……適量

1 クレームブリュレの中央に、トロピカルフルーツのキャラメリゼを盛る。

2 粗く砕いたクランブルを散らし、タイムを飾る。

3 小さなガラスのカップにクランブルを敷き、クネルにとったソルベを入れる。2に添える。

その他 2

ルバーブ
rhubarbe

強い酸味と香りが特徴のルバーブは野菜の一種だが、欧米では砂糖で甘みをつけてコンフィチュールにするなど、フルーツと同様に扱われており、近年では国内産も出回っている。色は赤のほか、緑や、赤と緑のグラデーションタイプもある。切り口がみずみずしく、全体にハリがあるものが新鮮。皮ごと調理もできるが、本書では皮をむいて色付けに使っている。

［出回り期］
1月 2月 3月 4月 5月 6月 7月 8月 9月 10月 11月 12月

Tarte rhubarbe

ルバーブのタルト

ポシェにしたルバーブをタルトの側面に使い、残ったシロップはジュレに、さらにソルベやチップスにもルバーブを使った、まさにルバーブ尽くしのタルト。ルバーブのみでは青臭さが気になるので、ソルベやクリームの中に、フランボワーズのフルーティな味を加えた。赤一色のデザートが、白い皿に映える。

Sablé aux amandes

アーモンドサブレ

材料　15人分

マジパンローマッセ pâte d'amande crue ……96g
グラニュー糖 sucre ……10g
バター beurre ……96g

A ｜薄力粉 farine faible ……56g
　｜強力粉 farine forte ……56g

型塗り用バター beurre ……適量

作り方

1
製菓用ミキサーのボウルにマジパンローマッセ、グラニュー糖を入れ、パレットでよく混ぜる。

2
室温に戻したバターを加えて混ぜ、ふるったAを加えてさらに混ぜる。生地をひとまとめにしてラップをし、1時間ほど冷蔵庫で寝かせる。

3
2の生地をベーキングシート2枚ではさみ、麺棒で2〜3mm厚さに伸ばす。直径6.5cmのセルクルで15個、円形に型抜きする。

4
直径6.5cmのタルトリングの内側にバターを塗り、ベーキングシートを敷いた天板に並べる。底に3の生地を入れ、160℃に予熱したオーブンで15分ほど焼く。熱いうちにセルクルを外し、冷ます。

Rhubarbe pochée

ルバーブのポシェ

材料　4〜5人分

ルバーブ rhubarbe ……200g

A ｜水 eau ……200g
　｜グラニュー糖 sucre ……50g
　｜バニラビーンズ（2番さや）gousse de vanille usée ……1/2本

作り方

1
ルバーブは皮を根元から割いて引っ張ってむく（皮はとっておく）。1.5cm幅に切る。

2
鍋にA、ルバーブの皮を入れ、ひと煮立ちさせて皮から色を出し、漉す。

3
鍋に2のシロップ、1.5cm幅に切ったルバーブを入れて落としぶたをし、弱火で温める。ルバーブがやわらかくなったら、ボウルに移して冷ます*。

4
冷めたらシロップをきる（きったシロップはジュレ〈P224〉に使う）。

＊　ルバーブは煮崩れしやすいので加熱時間に注意する。ここでは少し歯ごたえが残る程度のやわらかさにとどめ、それ以上加熱が進まないように、すぐにボウルに移す。

Gelée

ジュレ

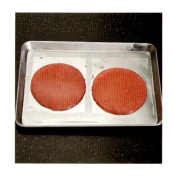

材料 4〜5人分

ルバーブのポシェで使ったシロップ〈P223参照〉jus de pochage …… 全量
板ゼラチン gélatine en feuille …… 上記シロップの重量の2%
キルシュ kirsch …… 上記シロップの重量の3%

作り方

1 板ゼラチンは氷水で戻す。

2 ポシェのシロップは温め、水気を絞ったゼラチンを加えて溶かす。

3 ボウルに移し、底を氷水に当てて冷やし、キルシュを加える。

4 バットに大きくラップを敷いて3を流し入れ、3〜5mm厚さになるようにラップを調整する。冷蔵庫で冷やし固める。

Crème légère

クレームレジェール

材料 8人分

A 牛乳 lait …… 250g
バニラビーンズ gousse de vanille …… 1/6本
卵黄 jaunes d'œufs …… 60g
グラニュー糖 sucre …… 48g
薄力粉 farine faible …… 12g
コーンスターチ fécule de maïs …… 10g
バター beurre …… 15g

生クリーム(38%) crème liquide 38% MG …… カスタードクリームの半量

作り方

1 Aでカスタードクリームを作る。鍋に牛乳とバニラビーンズを入れ、沸騰直前まで温める。

2 ボウルに卵黄とグラニュー糖を入れて白っぽくなるまですり混ぜ、薄力粉、コーンスターチを加えて混ぜる。

3 2に1を加えて混ぜ合わせ、漉して鍋に戻す。中火にかけ、絶えずヘラで混ぜながら、ツヤが出るまで炊く。バターを加えてよく混ぜ合わせる。

4 バットに移して乾かないようにラップをし、底を氷水に当てて冷やす。

5 生クリームを4のカスタードクリームと同じくらいのかたさに立て、混ぜ合わせる。

Sorbet à la rhbarbe

ルバーブのソルベ

材料　20人分

ルバーブ rhubarbe ……260g

A　水 eau ……200g
　　グラニュー糖 sucre ……160g
　　フランボワーズ framboise ……50g

作り方

1
ルバーブは、皮を根元から割いて引っ張ってむき、1.5cm幅に切る（皮は「ルバーブのチップス」〈P226〉に使う）。

2
鍋にAを入れてひと煮立ちさせ、ルバーブを入れる。弱火で加熱し、やわらかく煮崩す。

3
熱いうちにハンドブレンダーにかけてピューレ状にする。ボウルに移し、底を氷水に当てて冷やし、アイスクリームマシンにかける。

〖 組み立て・盛り付け 〗

材料 仕上げ用

フランボワーズ framboise …… 適量

粉糖 sucre glace …… 適量

ルバーブのチップス* chips rhubarbe …… 適量

バニラビーンズ（2番さやを細長くカットしたもの） gousse de vanille …… 適量

* ルバーブの皮をイチゴと一緒にシロップに漬け、ベーキングシートに広げて80～100℃で乾燥焼きにしたもの。途中、取り出してコルネ用の円筒などに巻き付ける。

1 バットなどを裏返して直径8cmのタルトリングを置き、その内側にルバーブのポシェを一周、立てて張り付ける。中にアーモンドサブレを入れる。

2 クレームレジュールをルバーブの半分の高さまで丸口金で絞り入れ、フランボワーズ4粒を埋め込む。

3 残りのクレームレジュールをポシェと同じ高さまで絞ってフランボワーズを隠し、周りのポシェに触れないように表面を平らにならす。

4 3を盛り付け用の皿にスライドさせて移し、タルトリングを外す。直径8cmのセルクルで円形に抜いたジュレを、上にのせる。

5 余ったルバーブのポシェを飾り、その手前にソルベの滑り止めとして細かく刻んだポシェを小さく盛る。

6 ソルベをクネルにとり、刻んだポシェの上にのせる。粉糖をつけたフランボワーズ、ルバーブのチップス、バニラビーンズを飾る。

Rhubarbes pochées et sorbet yaourt parfumé à la citronnelle

ルバーブのポシェ、ヨーグルトのソルベ レモングラスの香り

ルバーブ、柑橘、ヨーグルトなど、いろんな素材の酸味でいただく
爽やかなデザート。やわらかく作ったジュレを下に敷き、
フレッシュのイチゴを合わせてデザートらしい味わいに。
ルバーブのポシェはP223のように煮る方法もあるが、ここでは真空調理を紹介。
ルバーブはすぐに火が通り、煮崩れしやすいので、火入れの際は注意する。

Rhubarbes pochée

ルバーブのポシェ

材料 5〜6人分

A ┃ 水 eau ……100g
　┃ グラニュー糖 sucre ……50g

ルバーブ rhubarbes ……5本
バニラビーンズ（2番さや）gousse de vanille usée ……1本
イチゴ fraise ……10g

作り方

1
Aは沸騰させてシロップを作り、冷ます。ルバーブは皮を根元から割いて引っ張ってむき、3cm幅に切る。

2
真空調理用の袋に、ルバーブ、むいた皮、冷ましたシロップ*、残りの材料をすべて入れ、真空包装機でパック内の空気を抜く。

3
60℃のスチームオーブンで5〜6分加熱し、少しかための歯ごたえを残す。常温で冷まし、冷蔵庫で1日寝かせる。

* シロップが温かいままだと、真空調理の際、爆発することがあるので、必ず冷めたものを使う。

Sorbet au yaourt

ヨーグルトのソルベ

材料 8人分

レモングラス（乾燥）citronnelle sechée ……10g

A ┃ 水 eau ……175g
　┃ 水飴 glucose ……25g
　┃ グラニュー糖 sucre ……75g

ヨーグルト yaourt ……125g
生クリーム（38%）crème liquide 38% MG ……25g
レモン汁 jus de citron ……18g
ハチミツ miel ……15g

作り方

1
レモングラスは細かく切り、Aとともに鍋に入れて火にかける。沸騰したら火を止めてそのまま冷まし、ラップをして冷蔵庫で1日寝かせる。

2
1を漉し、他の材料を加えて混ぜる。アイスクリームマシンにかける。

Gelée à la citronnelle
レモングラスのジュレ

材料　10〜12人分

レモングラス（乾燥） citronnelle sechée ……24g

水 eau ……500g

グラニュー糖 sucre ……50g

板ゼラチン gélatine en feuille ……10g

オレンジの表皮のすりおろし zeste d'orange râpé ……1/4個分

ライム果汁 jus de citron vert ……40g

レモン汁 jus de citron …… 35g

ハチミツ miel ……20g

作り方

1
盛り付けの前日に仕込む。レモングラスは細かく切り、水、グラニュー糖とともに鍋に入れ、火にかける。沸騰したら火を止め、フタをして10分ほど蒸らす。

2
ボウルに濾し入れ、氷水で戻したゼラチンを加え、溶かす。残りの材料を加えて混ぜ、ボウルの底を氷水に当てて冷やす。

3
バットなどに流し、冷蔵庫で冷やし固める。

Sablé au coco
ココナッツサブレ

材料　15人分

バター beurre ……192g

粉糖 sucre glace ……120g

アーモンドパウダー poudre d'amande ……120g

ココナッツファイン coco râpé ……80g

A ｜ 薄力粉 farine faible ……92g
｜ 強力粉 farine forte ……92g

作り方

1
バターは室温に戻してポマード状に練り、粉糖を加えて混ぜる。アーモンドパウダー、ココナッツファインの順に加え、そのつど混ぜる。

2
ふるったAを加えてゴムべらで切るようにして混ぜ、ひとまとめにする。

3
生地をベーキングシート2枚で挟んで2〜3mmの厚さに伸ばし、冷蔵庫で1時間休ませる。直径6.5cmのセルクルで抜く。

4
160℃に予熱したオーブンで15分焼き、取り出してそのまま冷ます。

〘 組み立て・盛り付け 〙

材料　仕上げ用

イチゴ fraise ……適量

飴の飾り décor en sucre ……適量

金箔 feuille d'or ……適量

ルバーブのポシェで使ったシロップ〈P228参照〉 jus de pochage ……適量

1　ココナッツサブレの中央に崩したルバーブのポシェをスプーン1杯ほどのせ、四つ割りにしたイチゴとポシェをバランスよく盛る。

2　深みのある器に、ジュレを崩して盛り、1をのせる。

3　クネルにとったヨーグルトソルベを盛り、飴の飾りをさして金箔をあしらう。ガラスのカップにポシェのシロップを入れて添える。

その他 3

とうもろこし
maïs

とうもろこしは野菜でありながら甘味が強く、最近ではデザートの食材として用いられることも多い。選ぶ時は軸の切り口が新鮮で、外皮の緑が鮮やかなものを。頭のひげは、熟すにつれて色が濃くなるので、濃い茶色のものを選ぶとよい。また、ひげの本数＝粒の数なので、ひげが多いほど実が詰まっている証拠。収穫してから時間が経つと甘味が落ちるのでなるべく早く使う。

［出回り期］

1月　2月　3月　4月　5月　6月　7月　8月　9月　10月　11月　12月

Royal et croquant de maïs

とうもろこしのロワイヤルとクロカン

ロワイヤルは、とうもろこしの粒が大きいと"料理"になってしまうため、粗めに漉しつつ粒感をぎりぎり残し、ムースよりも食べごたえのある状態に仕上げた。
クロカンのアイデアソースは「雷おこし」。
とうもろこしつながりでポップコーンを使い、
ナッツを加えてカリカリに。土台が重めなので
とうもろこし茶のソルベを合わせてさっぱりさせた。

Royal de maïs
とうもろこしのロワイヤル

材料　直径5.5cmのフラン型4個分

とうもろこし maïs ……160g

A｜牛乳 lait ……80g
　｜生クリーム（35%）crème liquide 35% MG ……10g
　｜塩 sel ……1g

全卵 œufs ……55g
卵黄 jaunes d'œufs ……25g
グラニュー糖 sucre ……15g
型塗り用バター beurre ……適量

作り方

1
とうもろこしは皮をむき、ゆでるか電子レンジにかけて火を通す。半分に切ってとうもろこしを立て、ナイフで削るようにして実を外す。

2
ボウルに1、**A**を入れ、ハンドブレンダーで撹拌する。粗めの漉し器で漉して食感を残す。

3
別のボウルに全卵、卵黄、グラニュー糖を入れて混ぜ、2を加えて泡立て器で混ぜる。

4
型にバターを塗って天板に並べ、**3**を等分に入れる。生地の高さの1/3〜1/2まで湯を注ぐ。

5
140℃に予熱したオーブンで、40分ほど湯煎焼きにする。軽く揺すり、中央にシワができなければ焼き上がり。湯から取り出し、粗熱が取れたら冷蔵庫で冷やす。

Croquant de maïs

とうもろこしのクロカン

材料　20cm四方×高さ1cmの流し枠1枚分

クルミ noix cerneaux ……18g
ピーナッツ cacahouète ……15g
ポップコーン pop-corn ……30g
A｜グラニュー糖 sucre ……110g
　｜水 eau ……20g
　｜ハチミツ miel ……15g
　｜有塩バター beurre demi-sel ……12g

作り方

1 クルミとピーナッツはローストし、細かく切っておく。鍋に**A**を入れて火にかけ、140℃まで混ぜながら煮詰める。

2 ポップコーン、ナッツ類を加え、軽く火にかけながら、シロップが濁らない程度によく混ぜる*。

3 ベーキングシートを敷いた天板に流し枠をのせ、**2**を流す。上にもう1枚ベーキングシートをかぶせ、手でギュッと押さえて平らにならす。

4 冷めたら流し枠を外し、10×1.5cmの長方形に切り分ける。

＊　温度が下がって固まりやすくなるので、ごく弱火にかけながら混ぜる。

Crème chantilly

クレームシャンティー

材料　10人分

生クリーム（35％） crème liquide 35% MG ……100g
サワークリーム crème fraiche ……15g
グラニュー糖 sucre ……10g
バニラビーンズ gousse de vanille ……1/8本分

作り方

1 すべての材料をボウルに入れ、五分立てにする。

Sorbet au thé de maïs

とうもろこし茶のソルベ

材料　8人分

水　eau ……300g
水飴　glucose ……50g
グラニュー糖　sucre ……30g
とうもろこし茶　thé de maïs ……8g

作り方

1　鍋にすべての材料を入れて火にかけ、沸騰したら火を止め、フタをして10分蒸らす。

2　ボウルに漉し入れ、底を氷水に当てて冷やす。アイスクリームマシンにかける。

〚 組み立て・盛り付け 〛

材料　仕上げ用

とうもろこし（火を通したもの）maïs cuit ……適量
好みでピーナッツオイル　huile d'arachide ……適量

1　深みのある盛り付け用の器に、とうもろこしのロワイヤルを右斜め上に配置する。

2　クレームシャンティーをかけ、崩したクロカンと、とうもろこしを散らす。

3　ロワイヤルの上に、クネルにとったソルベをのせ、クロカンを立てかける。好みでピーナッツオイルをかける。

index
パーツ種類別・五十音順索引

本書のデザートを構成するパーツを、
種類ごとにまとめた。
自由に組み合わせれば
オリジナルのデザートも作れる。

ポシェ・コンフィ
梅のポシェ……059
柿のポシェ……120
フルーツトマトのポシェ……049
文旦のコンフィ……029
桃のポシェ……096
ルバーブのポシェ……223, 228
和梨のポシェ……141

コンポート・コンポーテ
コンポート……068
さくらんぼのコンポーテ……040
桃のコンポーテ……097
リンゴのコンポート……179

ポワレ・キャラメリゼ
イチゴのポワレ……199
巨峰のポワレ……136
スイカのキャラメリゼ……114
トロピカルフルーツのキャラメリゼ……219
桃のキャラメリゼ……102

ロティ・ロースト・フォンダン
柿のロースト……126
パイナップルロティ……214
日向夏のフォンダン……024
マンゴーのフォンダン……072

マリネ
巨峰のマリネ……129
清美オレンジのマリネ……014
フルーツのマリネ……115
リンゴのマリネ……180
レーズンのマリネ……133

スムージー・スープ
ソルダムのスープ……081
ダークチェリーのスムージー……035

スフレ

桜の葉のスフレ……018
ピーナッツのスフレ……203
リンゴのスフレ……183

ロワイヤル・フラン

とうもろこしのロワイヤル……233
バニラのフラン……062

ケーキ・マドレーヌ・フィナンシェ・ダックワーズ

ケークショコラ……192
ダックワーズ……160
フィナンシェ……208
フルーツトマトのマドレーヌ……045
ホワイトチョコレートのケーキ……039
和栗のケーキ……149

サブレ

アーモンドサブレ……223
ココナッツサブレ……229
サブレショコラ……188

クランブル

クランブル……072,087,133,219
スパイスのクランブル……105

メレンゲ

メレンゲ……012,122,131,151

生地［ジェノワーズ・パイ・タルト・シュー等］

ジェノワーズ・ショコラ……165
シュー生地……197
タルト生地……140
パータ・ジェノワーズ……029,184
ビスキュイ・キュイエール……023,096
ビスキュイ・ジョコンド……091,170
フィユタージュ・アンヴェルセ……080
フィユテマロン（フィユタージュ）……154
ブリゼ生地……063

パン・発酵生地・揚げた生地

イチジクのベニエ（ベニエ生地）……105
カンノーリ生地……109
ババ生地……066
ブリオッシュ……100
和梨のカダイフ揚げ……144

その他の生地

桜のクレープ……013
ミルリトン生地……034
リンゴのラヴィオリ（ラヴィオリ生地）……178
レーズンのフランジパンヌ……134

アパレイユ・ガルニチュール

アパレイユ……100
ガルニチュール……155
タルトショコラのアパレイユ……188

ヌガティーヌ・チュイール・シガレット・チップス・飴の飾り

飴の飾り……051,088
シガレット……136,216
チュイール……156,209
ヌガティーヌ……124,173,205
プラリネショコラのチュイール……165
フルーツトマトの皮のチップス……047
ミルクチョコレートのチュイール……189

アイスクリーム

イチゴのアイスクリーム......198
キャラメルのアイスクリーム......184
清美オレンジのアイスクリーム......019
シナモンのアイスクリーム......135
スパイスのアイスクリーム......106
トンカ豆のアイスクリーム......025
バニラアイスクリーム......081
ピーナッツのアイスクリーム......172
ピーナッツバターのアイスクリーム......205
プラリネのアイスクリーム......166
レモンバーベナのアイスクリーム......097
和栗のアイスクリーム......156

ソルベ

イチゴのソルベ......189,194
イチジクのソルベ......110
巨峰のソルベ......130
紅茶のソルベ......121
ココナッツソルベ......073
白甘納豆と清美オレンジのソルベ......014
とうもろこし茶のソルベ......235
にごり酒のソルベ......058
パイナップルソルベ......218
バニラと柿のナポリテーヌソルベ......125
バニラのソルベ......040
バルサミコとイチゴのソルベ......115
フロマージュブランのソルベ......151
ミントのソルベ......209
桃のソルベ......101
ヤマモモのソルベ......063
ヨーグルトのソルベ......046,228
ライムのソルベ......162
ルバーブのソルベ......225
レモングラスのソルベ......141
和梨のソルベ......144

グラニテ

メロンのグラニテ......088
レモンのグラニテ......051
ローズマリーのグラニテ......215

ムース・ババロワ

キルシュのムース......194
ハッサクとミカンのムース......204
ピスタチオのババロワ......193
マスカルポーネのムース......101
ライムのムース......125
和梨のムース......140

パルフェ

バニラのパルフェ......180
文旦のコンフィのパルフェ......030
メロンのパルフェ......091

クレームブリュレ・プリン

タイムのクレームブリュレ......218
プリン......157
マンゴープリン......076

パンナコッタ・ブランマンジェ

ココナッツのパンナコッタ......013
ブランマンジェ......034
ヨーグルトのパンナコッタ......129

クリーム

アーモンドクリーム......134
イチジクのリコッタクリーム......110
カスタードクリーム......134,214
クレームシャンティー......014,068,098,161,199,234
クレームショコラ......189
クレームフロマージュ......050,145,209
クレームレジェール......224
プラリネノワゼットのシャンティー......161
マスカルポーネクリーム......024
リコッタチーズクリーム......215

ジュレ

梅シロップのジュレ……058
カシスのジュレ……149
桜の花のジュレ……019
ジュレ……224
スイカのジュレ……114
ダークチェリーのジュレ……035
ピーナッツジュレ……171
フルーツトマトのジュレ……044
文旦のジュレ……031
ヨーグルトのジュレ……087
レモングラスのジュレ……229
ロゼワインのジュレ……097

コンフィチュール

柑橘のコンフィチュール……208
巨峰のコンフィチュール……130
桜のコンフィチュール……015
ルビーグレープフルーツのコンフィチュール……145

マルムラード

イチゴのマルムラード……197
柑橘のマルムラード……092
巨峰のマルムラード……135
清美オレンジのマルムラード……015
ソルダムのマルムラード……080
フルーツトマトとイチゴのマルムラード……050
フルーツトマトのマルムラード……044
マンゴーのマルムラード……073
ヤマモモのマルムラード……062

ガナッシュ

ガナッシュ……160、166、171、192

ソース

赤ワインのソース……111
アングレーズソース……121
イチゴのソース……198
柿のソース……124
キャラメルジンジャーソース……185
キャラメルソース……142
さくらんぼのソース……041
さつまいものソース……179
チョコレートソース……167,173
ドライフルーツのアングレーズソース……106
トロピカルフルーツのソース……077
パッションフルーツとキャラメルのソース……073
プラリネチョコレートのソース……162
フランボワーズソース……194
和栗のアングレーズソース……150

エミュルション

エミュルション……152
チョコレートのエミュルション……167
ピーナッツとチョコレートのエミュルション……206

シロップ

シロップ……067,170
浸し用シロップ……025

その他

梅のパート・ド・フリュイ……084
柿のわらび餅……120
清美オレンジのキャラメル……054
クランキーノワゼット……192
ソルダムのパート・ド・フリュイ……084
タピオカミルク……020
とうもろこしのクロカン……234
ノワゼットショコラのクルスティアン……166
フルーツトマトのキャラメル……054
フルーツミックス……046
和栗のハチミツ煮……150
わらび餅……076

構成・編集	早田昌美
撮影	曳野若菜
デザイン・装丁	小川直樹

器協力　(株)ノリタケカンパニーリミテド
〒451-8501 愛知県名古屋市西区則武新町3-1-36
☎0120-575-571　http://www.noritake.co.jp/
(P11,22,61,65,71,79,83,99,104,159,164,182,187,
191,196,202,222)

(株)木村硝子
〒113-0034 東京都文京区湯島3-10-7
☎03-3834-1781　http://www.kimuraglass.co.jp
(P17,33,43,48,95,113,123,232)

ガラス作家　松村明那
mat-glass.jimdo.com
(P57)

参考文献、参考ホームページ
『旬の食材 四季の果物』講談社
『からだにおいしい フルーツの便利帳』高橋書店
『果物ナビ』http://www.kudamononavi.com/
『野菜ナビ』http://www.yasainavi.com/

田中 真理
Mari TANAKA

1974年、静岡県掛川市生まれ。高校卒業後、渡仏。製菓学校とパリの有名パティスリー4店でフランス菓子の基礎を学ぶ。帰国後、数店を経てパティシエとして腕を磨き、再び渡仏。「コロバ」を経て、「グループ・アラン・デュカス」に入社。一ツ星レストラン「59ポワンキャレ」でレストランデザートの魅力に目覚め、ブーランジェリー「be」を経て、同グループの最高峰である三ツ星レストラン「アラン・デュカス・オ・プラザアテネ」へ。厳しい現場でパティシエとしてさらなる研鑽を積む。2006年フランスで開催された「第32回フランスデザート選手権」プロフェッショナル部門で優勝を獲得し、これを機に帰国。青山「ブノワ」を経て同グループを退社。2008年デザート・プランナーとして独立し、レストランへのレシピ提供や技術向上、製菓学校での講師を行うなど、幅広いフィールドで活躍する。著書に『デザートの発想と組み立て』(誠文堂新光社)。

旬の果物を使いこなす。フレッシュから煮る・焼く・揚げるまで
フルーツ・デザートの発想と組み立て　NDC596

2015年11月17日　　発　行
2021年12月15日　　第3刷

著　者	田中真理
発行者	小川雄一
発行所	株式会社 誠文堂新光社
	〒113-0033 東京都文京区本郷3-3-11
	[電話] 03-5800-5780
	https://www.seibundo-shinkosha.net/
印刷・製本	図書印刷 株式会社

ⓒ 2015, Mari TANAKA.
Printed in Japan
検印省略　禁・無断転載
落丁・乱丁本はお取り替え致します。

本書のコピー、スキャン、デジタル化等の無断複製は、著作権法上での例外を除き、禁じられています。本書を代行業者等の第三者に依頼してスキャンやデジタル化することは、たとえ個人や家庭内での利用であっても著作権法上認められません。

JCOPY〈(一社)出版者著作権管理機構 委託出版物〉
本書を無断で複製複写(コピー)することは、著作権法上での例外を除き、禁じられています。本書をコピーされる場合は、そのつど事前に、(一社)出版者著作権管理機構(電話 03-5244-5088 / FAX 03-5244-5089 / e-mail:info@jcopy.or.jp)の許諾を得てください。

ISBN978-4-416-61520-1